JN207328

知ってる単語の「使い回し」
でどんどん話せる！

ネイティブ
から
教わった

Everyday English phrases
actually used by native speakers

本当によく使う

英会話
フレーズ

Sakura English

ハーパーコリンズ・ジャパン

はじめに

　こんにちは。英語学習チャンネル「Sakura English」を運営しているサクラです。この本を手に取っていただき、ありがとうございます。そして1年前に出版した『シンプルなのに圧倒的に「伝わる」！　ネイティブが最初に覚える英会話フレーズ300』をお読みいただいた皆さん、おかげさまでたくさんの方々に手に取っていただき、とても嬉しく思っています。

　1冊目では、私自身の留学経験や子供たちから学んだ「シンプルだけど生きた英語」をテーマに、初心者でもすぐに使えるフレーズをお伝えしました。

　英語を学ぶ中で「間違えたらどうしよう」「文法はこれで正しいのか」と考えすぎてしまう多くの日本人に、「まずは簡単なフレーズを真似してみる」「丸ごと覚えてしまう」という大切な心構えをお届けできたのではないかと思っています。

　そして、皆さんから「もっと学びたい」「さらにステップアップしたい！」という声をたくさんいただき、今回、新たな1冊をお届けすることになりました。前回の本では、子供たちの英語習得の過程をイメージし、短いフレーズから始めていく構成でしたが、今回はその次のステップとして、「もっと話せる英会話」をお伝えします。

「もっと上手に話したい」「ネイティブのように自然に話したい」と、目指すゴールが高くなるのはとても素晴らしいことです。でも、だからこそ今お伝えしたいことがあります。

　皆さんはパリジェンヌを知っていますか？　ざっくり言うと、パリに暮らす女性を指す言葉ですが、古くから彼女たちはオシャレの代名詞として、世界中のアイコンとなっています。
　実際にパリへ行ったり、映像を見たりしたことがある人ならわかると思いますが、街並みを含めて、行き交うパリジェンヌたちは本当に素敵ですよね。
　小物も含めたさりげない、オシャレな着こなしは真似したいところがいっぱいです。でも裕福なマダムたちならいざ知らず、パリジェンヌだって、オシャレにたくさんのお金を使う余裕のある人ばかりではありません。

では、どうしてそれほどパリジェンヌはオシャレに見えるのでしょう?

　それは、彼女たちのスタイルが「引き算の美学」だからです。必要最小限のアイテムで洗練された雰囲気を作り出す、そんなスタイルが彼女たちを素敵に見せているのですね。

　今回の本は、パリジェンヌのような「引き算の美学」がテーマとなっています。

　英会話をステップアップするためには、たくさんの単語やフレーズを覚えなくてはいけないと思ってしまいがちですよね。しかし、初期の段階ではそうとばかりは言えません。たくさんの洋服を手に入れても、それを使いこなす力がなければ意味がないのです。

　この本ではネイティブスピーカーが日常で本当に使い回す単語を厳選して、使い方とフレーズを紹介しています。これらの頻出

単語を使いこなすことで、英会話の達人になれると言っても過言ではありません。そうです、オシャレなパリジェンヌのように、少ないアイテムを使いこなすのです。

　私自身、海外生活やオンライン講師として多くの方々と英語を通じてコミュニケーションを取ってきた中で、「この表現は、本当によく使う！」と感じたものや、海外ドラマや映画を視聴する中で何度も耳にするフレーズばかりを厳選しました。
　今回も英検やTOEICなどのテスト対策ではなく、会話に特化した内容となっています。さらに今回は、学んだことをすぐに確認できる、問題形式のエクササイズもつけました。エクササイズで確認することで、記憶に定着させることができる仕組みになっています。
　語学学習は時間をかけて続けることで必ず成果が出ます。皆さんを裏切ることは絶対にありません。この本が、皆さんの英語学習の新しい一歩となり、コミュニケーションを通じて世界がもっと楽しく、広がっていくきっかけになれば、と願っています。

CONTENTS

PART 1 「動きの単語」で覚えるフレーズ 15

本書の使い方

　この本は、「動きの単語」で覚えるフレーズ、「状態の単語」で覚えるフレーズ、「丸ごと覚える」定番フレーズ、という3つの章で構成されています。

　まずは本書を一読してみましょう。この後に続く「YouTube・音声にアクセスする方法」、「学習手順」、各パートの見方のページには、本書を効果的に使うために必要なことが書いてあります。

「学習手順」を読んだら、順番に各章を読み進めてください。通して読んだ後は、本を見ながらYouTubeなどを使って音声を聞いてみてください。お手本の音声は、頭の中で読み上げていた発音と違っている場合もあるかもしれません。焦らずに何度もじっくり聞いてから、音声の真似をしてみてください。聞いたとおりに発音することは、実際にやってみると、想像よりも難しいものです。何度も繰り返すうちに、だんだんと耳や口が慣れてきますので、あきらめずに取り組んでください。

　正しい発音を覚えることは、リスニングやスピーキングの

上達へとつながります。発音は私たちが考えているよりも、コミュニケーションする上で大事なポイントです。

　音声が完全に聞き取れるようになるまで、何度も繰り返し聞きます。最終的には本を見なくても、聞き取ることができるようになるのが目標です。

　さらに、この音声と本を使って、シャドーイング、ディクテーションなどの学習をすることも可能です。ぜひ自分の好みの学習方法で本と音声を使いこなし、英会話に必要な表現をマスターしてください。

YouTube・音声にアクセスする方法

手順1
お使いのスマホで右の二次元コードを読み取ります。
(パソコンからは、下のURLからアクセス)

手順2
リンクされたページにある「YouTube」または「ポッドキャスト」をタップ／クリックします。
音声のダウンロードも可能です。

https://sakura-english.jp/native02/

ページ内にある番号が、各項目の音声のトラックナンバーです。

学習手順

STEP1 読む

ひととおり本を読んでください 。

PART 1、PART 2では、それぞれの単語の持つコアイメージをしっかり理解してください。PART 3は例文の会話を参考に、使えるシチュエーションをイメージしてみましょう。

STEP2 解く

エクササイズにチャレンジしましょう。

各パートの最後に確認のための穴埋め問題を用意しました。わからない問題はヒントを見ながら、考えてみましょう。問題の次のページに解答があります。

STEP3 聞く

音声を聞いてください。

音声は順番に流れます。まずはテキストを見ながら確認しましょう。何度も聞いて、聞き取れるようになったら、次はテキストを見ずにチャレンジしてください。

STEP4 発音する

音声を真似て発音してください。

音声を聞いた後に、リピートします。うまくできないものについては目印をつけて、何度も取り組んでください。

STEP5 使う

覚えた表現を使ってみましょう。

STEP1～STEP4を繰り返したら、使ってみましょう。英語を話すチャンスがない人は、ひとりごとで一人二役の英会話、オンライン英会話やアプリなどを使うことで英語の時間を作ることができます。

「PART 1」の見方

数字

YouTubeのトラックナンバーとリンクしています。
該当ページの例文・日本語訳を聞くことができます。

動きの単語

この見開きのテーマと
なる動詞です。

句動詞
（フレーザルバーブ）

5つのバリエーション
とその例文です。

ひとこと解説

さらに理解度をアップ
させるための解説です。

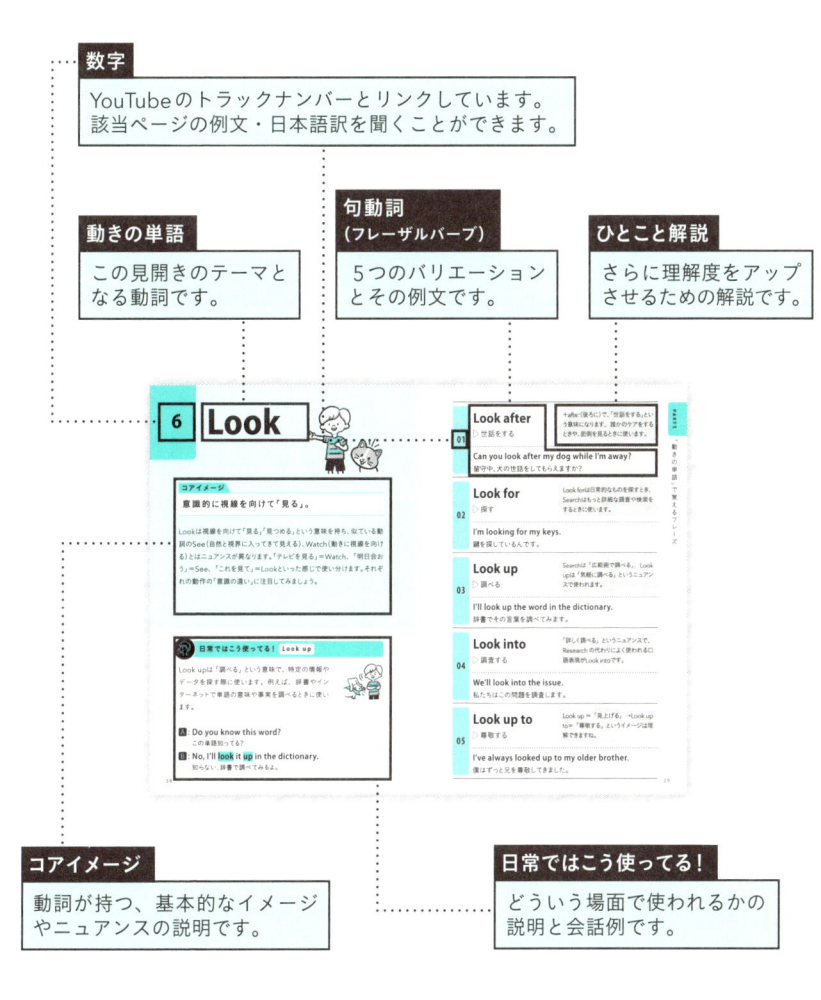

コアイメージ

動詞が持つ、基本的なイメージ
やニュアンスの説明です。

日常ではこう使ってる！

どういう場面で使われるかの
説明と会話例です。

11

「PART 2」の見方

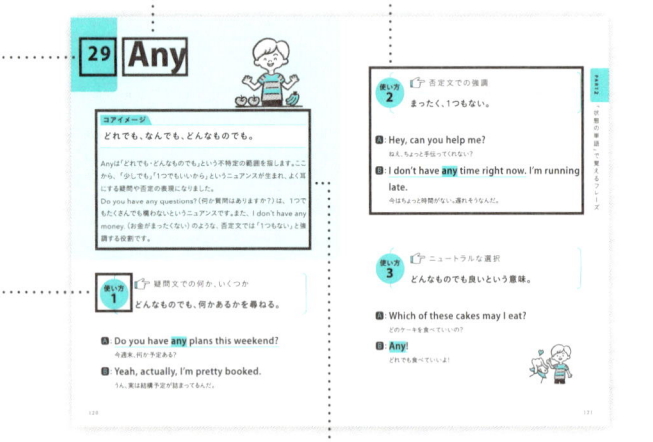

「PART 3」の見方

数字

フレーズ

メインフレーズとその
日本語訳です。

こう使う!

どんな場面で使うフレーズかが
わかる会話例です。

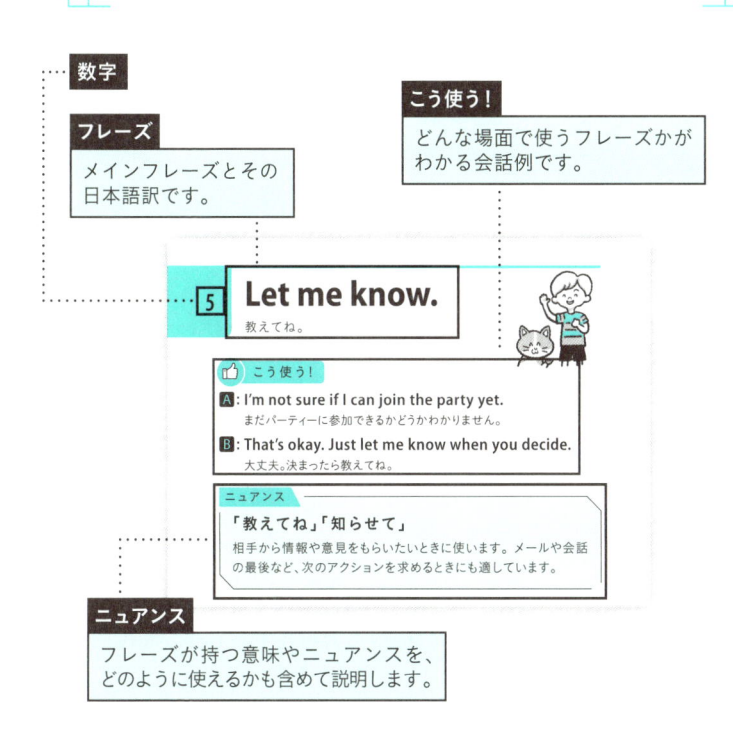

5 **Let me know.**
教えてね。

👍 **こう使う!**

A: I'm not sure if I can join the party yet.
まだパーティーに参加できるかどうかわかりません。

B: That's okay. Just let me know when you decide.
大丈夫。決まったら教えてね。

ニュアンス

「教えてね」「知らせて」

相手から情報や意見をもらいたいときに使います。メールや会話
の最後など、次のアクションを求めるときにも適しています。

ニュアンス

フレーズが持つ意味やニュアンスを、
どのように使えるかも含めて説明します。

「エクササイズ」の見方

Let's exercise

ここまで学習したことの穴埋め
問題にチャレンジ。

Answers

ページをめくれば、すぐに解答が
確認できます。

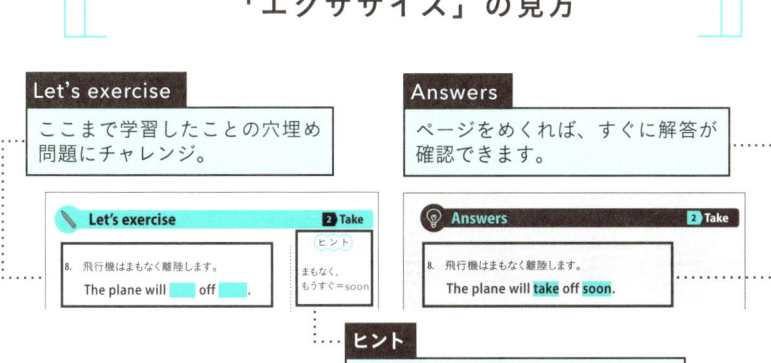

✏️ **Let's exercise** 　　　　　　　2 Take

ヒント

8. 飛行機はまもなく離陸します。
The plane will ___ off ___.

まもなく、
もうすぐ=soon

💡 **Answers** 　　　　　　　2 Take

8. 飛行機はまもなく離陸します。
The plane will **take** off **soon**.

ヒント

わからない問題はヒントを参考に。

「留学中に使ってたのばっかりで懐かしくなった……」
「また英語が好きになりました」
「こういうの探してました！」
「確かに全部聞いた事ある」
「普段の生活で使える英語なので、勉強する気になりました!!!」

　これはすべて、第1弾の書籍『ネイティブが最初に覚える英会話フレーズ300』と、連動した動画で学んだ方の感想です。

　おかげさまで多くの方に手に取っていただき、これまでたくさんの感想をいただきました。

　そして皆さんの声からできたのが、第2弾のこの書籍です。

　今回の本もテストではなく、あくまで会話に特化した内容となっています。ですから、海外ドラマを観たい、海外旅行へ行ってコミュニケーションしたいなどの目標がある方の学習には、きっとお役に立てると信じています。

「あ、できてる」そんなふうに思えるときが、いつか皆さんに訪れますように。

では、さっそくスタートしましょう！

PART 1

「動きの単語」で 覚えるフレーズ

会話に必須なのが、「誰が（主語）＋どうした（述語）」です。この「どうした」の部分にあたるのが「動きの単語＝動詞」です。英語では「誰が」の直後にくる動詞をパッと言えることがとても重要。ここでは日常でよく使われる動詞を20個紹介します。

Introduction

「知ってる単語なのに意味が
全然わからない!」

　例えば、Getは英語で最も使われる動詞のひとつです。「受け取る」「なる」「到着する」「理解する」「もたらす」など、さまざまな意味を持っています。このGetが前置詞と組み合わさることで、まったく違う意味や使い方になることがあります。これを句動詞(フレーザルバーブ)といいます。

　ネイティブはこの句動詞を日常的に使い、会話をしています。そしてこの句動詞こそが、「知ってる単語なのに意味が全然わからない!」と混乱してしまう原因のひとつなのです。

　では、どうして句動詞の意味がわからないのでしょう。

直訳できないから

　句動詞は知っている単語の組み合わせでできているにもかかわらず、その意味が単語から予測できないことがあります。例えば、Give upは「あきらめる」という意味ですが、Give(与える)＋up(上へ)から、予測するのは難しいでしょう。

複数の意味があるから

　1つの句動詞が文脈に応じて異なる意味を持つ場合があります。例えば、Take offは「離陸する」「脱ぐ」など、場面によっ

て複数の日本語訳になります。そのため、1つの意味だけを覚えていても「わからない」ということになってしまうときがあるのです。

前置詞がイメージできないから

　日本人の苦手なもののひとつが前置詞の使い方でしょう。前置詞は日本語の助詞と違って、明確な意味がありますが、私たちは前置詞（Up、Out、Onなど）がそれぞれどのような意味を持っているかピンときません。そのため、句動詞になったときの意味の変化をイメージしにくいのです。

　以上のようないくつかの理由が組み合わさることで、句動詞は「知ってる単語なのに意味が全然わからない！」という状況を引き起こしているのです。

　しかし逆に考えれば、句動詞を攻略すれば、日常会話でよく使うフレーズを攻略できるとも言えます。

　そこでこのパートでは、ネイティブが日常でよく使う句動詞を、使い方を交えて紹介します。重要なコアとなる動詞は20です。これを徹底的に頭に叩き込めば、他の句動詞だって怖くなくなるでしょう。それから、句動詞になると単語自体の発音が変わることもありますので、音声も注意して聞いてみてください。

1 Get

何かをすることで、自分のものにする。

Getは最も使われる動詞のひとつです。「受け取る」「なる」「到着する」といった意味から、「理解する」「もたらす」「経験する」といった意味まで、さまざまな使い方があり、難しい英単語を知らなくてもGetを使った表現で言い換えることもできます。Getは数え切れないほどの句動詞（フレーザルバーブ）や慣用表現に使われ、日常的な英語コミュニケーションにおいて重要な動詞となっています。

 日常ではこう使ってる！ Get on

毎日の通勤・通学で欠かせない存在のバスや電車。「乗る」はGet on、「降りる」はGet offとなります。車やタクシーに「乗る」場合はGet inを使うので、ご注意ください。

A: You should **get on** the bus quickly.
バスに早く乗ったほうがいいよ。

B: Good idea. I'll **get on.**
そうだね。今すぐ乗るよ。

01 Get up
▷ 起きる

+up（上へ）で、「起きる」という意味になります。Wake upは「目を開ける」というニュアンスです。

I usually get up at 7 AM.
いつもは朝7時に起きるんだ。

02 Get on
▷ 乗る、乗り込む

+on（上に）で、「乗る」という意味になります。バスや電車に「乗る」際に使われます。

Let's get on the bus before it leaves.
バスが出発する前に乗り込もう。

03 Get over
▷ 回復する

+over（越えて）で、「乗り越える」「回復する」になります。失恋や病気などを乗り越える際に使います。

It took him a while to get over the flu.
彼のインフルエンザはなかなか治らなかった。

04 Get along
▷ うまくやる、仲良くする

+along（沿って）で、「うまくやっていく」「仲良くする」という意味になります。人間関係で使われます。

I get along well with my coworkers.
同僚たちとはうまくやってます。

05 Get back
▷ 戻る

+back（後ろへ）で、「戻る」「返す」という意味になります。帰宅や元の場所に戻ることを表します。

When will you get back from your trip?
いつ旅行から戻ってくるのですか?

2 Take

コアイメージ

（自分の意思で）手に取る、つかむ。

学生時代に「連れテイク（Take）」と覚えた人もいるのでは？　基本的には「取る」「つかむ」という意味を持ちますが、日本語とイコールで覚えようとすると混乱する単語のひとつです。「靴を脱ぐ」「離陸する」「写真を撮る」など日本語にするとまったく違う言葉が、Takeという1つの単語で表現できてしまうので、コアイメージを確認し、実際に使いながら身につけていきましょう。

 日常ではこう使ってる！ Take over

Take overは「引き継ぐ」や「責任を引き受ける」という意味で使われています。同じ意味でCan you cover for me?（ちょっと代わってくれる？）のような言い方もあります。

A: I'm busy right now. Can you take over for me?
今ちょっと忙しいんだ。代わってくれる？

B: Sure! It's no problem.
もちろん！　問題ないよ。

Take off

▷ 離陸する

01

+off(それて)で、「離陸する」や、場面によっては「服やくつを脱ぐ」という意味にもなります。

The plane will take off soon.

飛行機はまもなく離陸します。

Take over

▷ 制御する、責任を持つ

02

+over(超えて)で、「引き継ぐ」「支配する」という意味。仕事や責任を引き継ぐ場面で使われます。

He will take over the family business.

彼は家業を継ぐことになるだろう。

Take on

▷ 引き受ける

03

+on(上に)で、「引き受ける」「挑戦する」という意味。新しい仕事や挑戦を受けるときに使います。

He took on the role of team leader.

彼はリーダーの役目を引き受けました。

Take in

▷ 理解する

04

+in(中に)で、「理解する」「吸収する」のような意味になります。場面によって意味が変わります。

It's hard to take in all this information.

すべての情報を理解するのは難しい。

Take after

▷ 似ている

05

+after(後ろに)で、「似ている」という意味になります。家族に対して使うことが多いです。

She takes after her mother.

彼女は母親似です。

3 Go

（場の中心から）離れていく、移動する。

Goは、「行く」「進む」という基本的な意味から、「変化する」「経過する」といった意味まで、さまざまな状況で使用されます。人の移動や状態の変化を表し、Go=「行く」と覚えてしまっているとすぐに理解できないこともあります。Go ahead（進める）、Go through（経験する）、Go out（外出する）のように、多くの句動詞や慣用表現もあります。

 日常ではこう使ってる！ `Go through`

Go throughには、文字通り「通過する」という意味のほかに「じっくり読む、見る」という使い方があります。書類や順番を確認するときなど、ビジネスの場面でもよく聞く表現です。

A : Did you go through the instructions?
説明書をちゃんと読んだ?

B : Not yet. I'll go through them now.
まだだよ。今から読むね。

Go on

01

▷ 続ける

+on（上に）で、「続ける」という意味になります。会話のときや行動を続ける際に使います。

Please go on with your story.

どうぞ、話を続けてください。

Go through

02

▷ 通過する、じっくり読む

+through（通って）で、「通過する」「じっくり読む」を意味するほか、「経験する」のような意味になる場合も。

Let's go through this contract.

契約書をじっくり確認しましょう。

Go over

03

▷ 見直す

+over（越えて）で、「確認する」「見直す」という意味になります。計画や詳細を確認するときに使います。

Let's go over the details again.

もう一度、詳細を確認しておきましょう。

Go up

04

▷ 上昇する、増加する

+up（上へ）で、「上昇する」「増加する」という意味になります。価格や温度などが上がる際に使います。

Prices have gone up recently.

最近は値上がりしています。

Go ahead

05

▷ 前に進む

+ahead（前へ）で、「進める」「前に進む」という意味になります。許可を得て何かを始めるときに使います。

You can go ahead with the plan.

計画を進めることができます。

4 Come

コアイメージ

（場の中心へ）近づいていく、移動する。

Come＝「来る」という意味で覚えている人が多いかもしれませんが、一筋縄ではいかないのがComeです。「来る」という使い方をしたかと思えば、I'm coming.（今、行きます）のように「行く」という日本語になることもあるからです。

Comeのイメージは「場の中心に近づく動き」です。場の中心とは「自分」のときもあれば、「相手」のときもあり、そのため「行く」「来る」という両方の使い方があるのです。

 日常ではこう使ってる！ **Come over**

Come overは、一般的には「家に来る」という意味で使われることが多く、to my house（家に）というフレーズを付け加える必要もありません。

A: Can you come over tonight?
　今夜、家に来ない？

B: Sure, I'll be there!
　もちろん、行くよ！

01

Come across

▷ 出くわす

+across（横切って）で、「バッタリ会う」という意味になります。何かや誰かに偶然出くわしたときに使います。

I came across an old friend yesterday.

昨日、旧友にバッタリ会いました。

02

Come up with

▷ 思いつく

アイデアや解決策などを考えついたときに使います。

She came up with a great plan.

彼女は素晴らしい計画を思いつきました。

03

Come over

▷ 訪ねてくる、やってくる

「誰かが自分の場所に来る」という意味ですが、日常会話では「家に来る」を表すことが一般的です。

Why don't you come over for dinner?

夕食を食べに来ませんか？

04

Come out

▷ 明らかになる、公開される

+out（外へ）で、「明らかになる」「公開される」という意味。新作の発表や事実が明らかになるときに使います。

The new book will come out next month.

来月には新刊が出る予定です。

05

Come back

▷ 戻ってくる

+back（後ろへ）で、「戻ってくる」という意味になります。元の場所に戻るときに使います。

I'll come back tomorrow.

明日また来ます。

5 Make

コアイメージ

コネコネして、達成する、完成させる。

Make といえば「作る」という意味が一般的ですが、コアイメージの「コネコネして完成させる」から派生して、「決断する」「儲ける」「理解する」のように、色々な使い方ができます。さらに、He made me wait outside.（彼は私を外で待たせた）のように「人や物に何かをさせる」という使い方もします。これを「使役動詞」といいます。

 日常ではこう使ってる！ Make it

Make itは、予定に間に合うかどうかを話すときや、困難を乗り越えて成功したときに使います。

A : Did you make it on time?
時間に間に合った？

B : Yes, I made it just in time!
うん、ギリギリで間に合ったよ！

Make up

01
▷ 仲直りする

「仲直りする」という使い方のほかに、「作り話をする」「埋め合わせをする」のような意味で使う場合もあります。

They made up after the argument.
口論の後、二人は仲直りをしました。

Make out

02
▷ 理解する

ようやく理解するという意味です。後ろにwith＋人 が伴うと「〜といちゃいちゃする」というスラングにも。

I couldn't make out what he was saying.
彼が何を言っているのかわかりませんでした。

Make into

03
▷ 〜に変える

Make A into B＝「AをBに変える」。何かを別の形に作り変えるときに使います。

They made the old building into a museum.
彼らは古い建物を博物館にしました。

Make of

04
▷ 解釈する、思う

物事について「どう思いますか?」と尋ねるときに使います。What do you think~?と似た意味です。

What do you make of his behavior?
彼の行動をどう思いますか?

Make it

05
▷ 間に合う、成功する

何かを達成したり、切り抜けたりすることを表す言葉です。使う場面により、意味が変わることがあります。

She made it through the tough interview.
彼女は厳しい面接を切り抜けました。

6 Look

コアイメージ

意識的に視線を向けて「見る」。

Lookは視線を向けて「見る」「見つめる」という意味を持ち、似ている動詞のSee（自然と視界に入ってきて見える）、Watch（動きに視線を向ける）とはニュアンスが異なります。「テレビを見る」＝Watch、「明日会おう」＝See、「これを見て」＝Lookといった感じで使い分けます。それぞれの動作の「意識の違い」に注目してみましょう。

 日常ではこう使ってる！ `Look up`

Look upは「調べる」という意味で、特定の情報やデータを探す際に使います。例えば、辞書やインターネットで単語の意味や事実を調べるときに使います。

A: **Do you know this word?**
この単語知ってる?

B: **No, I'll look it up in the dictionary.**
知らない、辞書で調べてみるよ。

Look after

▷ 世話をする

01

+after（後ろに）で、「世話をする」という意味になります。誰かのケアをするときや、面倒を見るときに使います。

Can you look after my dog while I'm away?

留守中、犬の世話をしてもらえますか？

Look for

▷ 探す

02

Look forは日常的なものを探すとき、Searchはもっと詳細な調査や検索をするときに使います。

I'm looking for my keys.

鍵を探しているんです。

Look up

▷ 調べる

03

Searchは「広範囲で調べる」、Look upは「気軽に調べる」というニュアンスで使われます。

I'll look up the word in the dictionary.

辞書でその言葉を調べてみます。

Look into

▷ 調査する

04

「詳しく調べる」というニュアンスで、Research の代わりによく使われる口語表現がLook intoです。

We'll look into the issue.

私たちはこの問題を調査します。

Look up to

▷ 尊敬する

05

Look up ＝「見上げる」→Look up to＝「尊敬する」というイメージは理解できますね。

I've always looked up to my older brother.

僕はずっと兄を尊敬してきました。

7 Put

コアイメージ

何かをあるところへ位置させる。

Putは「置く」を思い浮かべる方が多いのではないでしょうか？ 学校では、Put＝「置く」と習うので当然かもしれませんね。でもそのために、Putは物理的に物を置く場面でのみ使う単語だと、勘違いしてしまいがちです。日常会話において、Putは物を置く場合だけでなく、状態や感情の変化を表現する場面でも使います。

 日常ではこう使ってる！ Put away

Take awayとPut away、どちらも「片付ける」ですが、Take awayは「どこかに持っていく」、例えばレストランでお皿を下げてもらうときに使います。Put awayは「元の位置に戻す」ニュアンスです。

A: **Can you put away your toys?**
おもちゃを片付けてくれる？

B: **Okay, I'll put them away now.**
わかった、今片付けるね。

Put on

01

▷ 着る、つける

メイクアップやアクセサリーをつけるときにも使う言い回しです。脱ぐとき、外すときはTake offです。

She put on her jacket before leaving.

彼女は上着を羽織って出ていきました。

Put off

02

▷ 延期する、遅れる

＋off（それて）で、「延期する」「先延ばしにする」という意味になります。予定を後ろに延ばすときに使われます。

They put off the meeting until next week.

会議は来週に持ち越されました。

Put out

03

▷ 火を消す

＋out（外へ）で、「消す」という意味です。Extinguish（消火する）を知らなくても、同じことを表現できます。

He put out the fire before going to bed.

彼は寝る前に火を消しました。

Put away

04

▷ 片付ける

＋away（離れる）で、「片付ける」という意味。小さな子供に対して「お片付けしなさい」のように使います。

Please put away your toys.

おもちゃを片付けてください。

Put through

05

▷ 電話をつなぐ、代わる

＋through（通って）で、「電話をつなぐ」です。他にも「（困難を）経験させる」という意味もあります。

Can you put me through to the manager?

マネージャーにつないでもらえますか?

8 Give

手渡す、外に出す。

Give は物理的な「物」以外に、情報や感情といった抽象的な事柄も、相手に「Give」することができます。例えば、I gave her a hug.（彼女を抱きしめた）やPlease give him my regards.（彼によろしく伝えてください）といった使い方があります。日本語の「与える（あげる）」では捉えきれないのがGiveです。

 日常ではこう使ってる！ **Give up**

「ネバー・ギブアップ！」という言葉を知っている人も多いのでは？　Give upは「あきらめる」という意味で使われることが多いですが、「やめる」という意味もあります。

A: This puzzle is so hard! Are you going to **give up**?
このパズル、難しいね！ あきらめる？

B: No, I won't **give up**. I'll keep trying!
いや、あきらめない。がんばるよ！

Give up

01

▷ あきらめる、やめる

努力や目標を放棄する際に使います。また、タバコ、飲酒などやめたほうが良い習慣に対しても使います。

I won't give up on my dreams.

私は夢をあきらめません。

Give away

02

▷ 寄付する

「無料で渡す」という意味です。物を寄付するときに使われます。

She gave away her old clothes.

彼女は古着を寄付した。

Give off

03

▷ （光、香りを）放つ

+off（それて）で、「発する」「放つ」という意味です。匂いや光などが放出されるときに使います。

The flowers gave off a pleasant scent.

花は心地よい香りを放っていました。

Give back

04

▷ 返却する

+back（後ろへ）で、「返す」という意味。借りたものや受け取ったものを返すときに使われます。

Can you give back the book I lent you?

貸した本を返してくれますか?

Give in

05

▷ 降参する、屈服する

「買うべきではないものを買った」「減量中に甘い物を食べた」のように、誘惑やプレッシャーに屈する意味です。

She gave in to the temptation of chocolate.

彼女はチョコレートの誘惑に負けました。

9 Turn

コアイメージ

くるりと向きや状態が変わる。

Turnのイメージは「くるりと向きを変える」です。日本語にもなっている「U ターン」という言葉の意味も、くるりと向きを変えて、来た道を戻ることですね。この「くるりと向きや状態が変わる」という感覚がTurnのイメージです。「状態や性質がくるりと変わる」というニュアンスから、Turn red（赤くなる）やTurn 20（20歳になる）という表現が派生しています。

 日常ではこう使ってる！ Turn in

「提出する」＝Submitと考える人も多いかもしれませんが、学校や職場で課題や資料を提出するとき、ネイティブスピーカーはTurn inを気軽に使います。

A : Did you turn in your homework?
宿題を提出した？

B : Yes, I turned it in this morning.
うん、今朝提出したよ。

Turn on
01
▷ スイッチを入れる

電化製品などのスイッチを入れるときに使います。切るときはTurn offです。

Can you turn on the lights?
電気をつけてくれますか?

Turn up
02
▷ 到着する、音量を上げる

会議やイベントなどへ到着することを表現します。

He turned up late to the party.
彼はパーティーに遅れてやってきた。

Turn in
03
▷ 提出する

日常会話でもビジネスシーンでもよく使われます。Submitと意味は同じですが、より口語的です。

I need to turn in my homework.
宿題を提出しなければいけません。

Turn over
04
▷ ページをめくる

本のページをめくるときに使います。また、卵料理のTurnoverといえば、両側を焼いた目玉焼きのことです。

Turn over the page to continue reading.
続きを読むにはページをめくってください。

Turn away
05
▷ 追い払う

+away(離れる)で、「追い払う」や「顔を背ける」という意味になります。

They turned away the latecomers.
彼らは遅れた人たちを追い返しました。

10 Set

コアイメージ

何かを定められた位置に据える。

Setのイメージは「何かを固定する」「設定する」です。日本語でも「セットする」といえば、このような意味になりますね。例えば、Set the table（テーブルを準備する）やSet a goal（目標を設定する）のような表現があります。似た動詞のPutのコアイメージは「何かをあるところへ位置させる」です。Setは慎重に据えるのに対して、Putはポイっと置くようなイメージになります。

 日常ではこう使ってる！ Set up

「設定する」「準備する」などの意味があるSet up。ここでは「テーブルの準備」という物理的な配置を表現していますが、抽象的なことに対しても使うことができます。

A: Can you help me set up the table?
テーブルの準備を手伝ってくれる？

B: Sure, I'll set it up right now.
もちろん、今すぐ準備するよ。

Set up

01

▷ 設定する、準備する

+up（上へ）で、「準備する」「設置する」という意味です。名詞としても使うことができます。

They set up a meeting for next week.

彼らは来週にミーティングを設定しました。

Set out

02

▷ 出発する

旅に出るとき、プロジェクトのような新しい計画を始める際にも「着手する」という意味で使います。

They set out to explore the new city.

彼らは新しい町の探検に出発しました。

Set aside

03

▷ 確保する、保留する

お金や時間を、後のために取っておくときに使います。aside（横に）が後ろにつくことからのイメージです。

I set aside some money for emergencies.

もしものために、お金を確保しています。

Set back

04

▷ 遅らせる、後退させる

計画や進行が遅れる際に使います。back（後ろへ）と組み合わせ、文字通り「後ろに下がる」ことを表します。

The project was set back by bad weather.

プロジェクトは悪天候のために遅れました。

Set apart

05

▷ 一線を画す、際立つ

何かが他と異なり、際立つときに使います。apart（離れて）と組み合わせて「他と区別する」ニュアンスです。

Her dedication sets her apart from the others.

彼女の熱心さは他の人とは一線を画します。

11 Break

（何かを）分離させる、動きを止める。

Breakは突然、または強い力が加わることで、つながりが2つ、またはそれ以上に分かれるイメージです。ここからよく知られている「壊す」という意味につながります。

例えば、すでにひとつの言葉として認識されているCoffee break（コーヒーブレイク）やBreakfast（朝食）も、Breakの意味からできました。寝ている間に「Fast（断食）している状態」を「Break」するので、Breakfast（朝食）になるんですね。

 日常ではこう使ってる！ `Break up`

「彼と別れた」「あの二人、別れたらしいよ」のような「別れた」をカジュアルな会話で表現できるのがBreak upです。

A : Did you hear that they broke up?
あの二人、別れたって聞いた？

B : Really? I didn't know that.
本当に？　知らなかったよ。

01

Break down

▷ 故障する

機械が壊れたとき、または交渉が決裂するという意味で使われることもあります。

My car broke down on the highway.

高速道路で車が故障しました。

02

Break up

▷ 関係を終わらす、別れる

離婚、カップルが別れるとき、グループが解散する際に使われます。

They broke up after five years together.

二人は5年間の交際の末に別れた。

03

Break through

▷ 打ち破る、克服する

日本語にもなっている「ブレイクスルー」と同じ意味合いです。

They broke through the barriers to win.

彼らは壁を打ち破って勝利しました。

04

Break off

▷ 何かを突然やめる

会話や契約を「急に」終わらせるときに使います。

She broke off the engagement.

彼女は婚約を解消しました。

05

Break away

▷ 離れる

比喩的な表現として、例えば、制限された状況から抜け出すときや自立を目指すときにも使われます。

He grabbed me, but I managed to break away.

彼につかまったけど、必死に逃げた。

12 Bring

場の中心へ、何かを移動させる。

Bringは話し手または聞き手のほうに何かを持っていく、または誰かを連れていくというイメージです。似たような使い方で混乱しがちなTakeは、話し手または聞き手がいる場所とは別のところに何かを持っていく、離れていくイメージです。ポイントは主語ではなく、会話の中心となる場所を起点に考えることです。そこから離れるのか、近づくのかで使う単語が決まります。

 日常ではこう使ってる！ `Bring on`

期待される出来事（ネガティブなことも含まれる）や状況を引き起こすというニュアンスです。似た意味の単語には、Cause（引き起こす）があります。

A : Eating too much junk food can **bring on** health problems.
ジャンクフードを食べ過ぎると病気になるよ。

B : You're right. I should eat healthier.
そうだね。もっと健康的な食事をしないとね。

Bring up

01

▷ 育てる、話題にする

子供やペットを「育てる」場面で使われます。似た意味を持つ単語にRaise（育てる）があります。

He brought up his children by himself.

彼は一人で子供を育てた。

Bring about

02

▷ もたらす

何かしらの変化や出来事について表現するときに使います。

He brought about positive changes in the class.

彼はクラスに良い変化をもたらした。

Bring in

03

▷ 導入する、持ち込む

新しい制度やアイデアを採り入れるとき、人に参加を促すときなどに使います。

They brought him in to help.

手伝ってもらうために彼を呼んだんです。

Bring out

04

▷ 引き出す、持ち出す

+outでBring in（持ち込む）とは逆の意味に。アイデアや感情を引き出す意味でも使われます。

That color really brings out your eyes.

その色は本当にあなたの目を引き立てます。

Bring on

05

▷ 引き起こす

ネガティブなことも含む、結果や出来事に対して使われます。Bring about（もたらす）を使う場合もあります。

The stress brought on a headache.

ストレスで頭痛がした。

13 Run

一方向に連続して動き続ける。

Runが持つ基本のイメージは「一方向に連続して動く」というものです。そこからよく知られている「走る」という意味にもなるのですが、それだけで覚えてしまうと、限定的な使い方になってしまうので注意してください。「流れるように動く」ことから「走る」「経営する」「流れる」のような意味になっていきます。Runという動詞があるとき、そこには共通のコアイメージがあります。

 日常ではこう使ってる！ Run away

動物だけでなく、人にももちろん使う表現です。とはいえ「逃げ出す」ですので、日常的にはあまり使いたくない言葉ではありますね。

A : Why did the dog run away?
どうして犬が逃げたの？

B : I think she got scared of the loud noise.
大きな音に驚いたんだと思うよ。

01

Run out of

▷ なくなる、使い果たす

時間、お金、ガソリン、食べ物など、消費されるものに対して使います。

We ran out of milk.
牛乳がなくなりました。

02

Run into

▷ ばったり会う、偶然出会う

予期せず誰かに会ったとき、または何かにぶつかったときにも使います。

I ran into an old friend at the mall.
偶然昔の友達にモールで会いました。

03

Run away

▷ 逃げる

away（離れて）と組み合わせて、「走って離れていく」という動きです。

The dog ran away from home.
その犬は家から逃げ出しました。

04

Run over

▷ 轢（ひ）く

車が何か動物などを轢いてしまったときに使います。

He accidentally ran over a squirrel.
彼は誤ってリスを轢（ひ）いてしまいました。

05

Run through

▷ ざっと確認する

計画やリハーサルなどを「確認する」「行う」のように使います。

Let's run through the plan one more time.
もう一度、プランを確認してみよう。

14 Call

大声で呼びかけて注意を引く。

Callのコアイメージは「(大きな声で)呼びかける」「注意を引く」です。ここから、皆さんも知っている「コールセンター」という言葉もできています。「電話する」という意味もあるCallですが、これも「呼ぶ」という意味から派生してできたものです。

 日常ではこう使ってる！ Call back

Call back(かけ直す)に続くのが代名詞の場合は、Call back youとはならずに、間に挟む形となり、Call you backとなります。

A : Can you call back later?
後でかけ直してくれる?

B : Sure, I'll call back in an hour.
わかった、1時間後にかけ直すね。

01

Call off

▷ 中止する

予定やイベントを中止する際に使います。ビジネスシーンでも「取りやめる」という意味で使うことができます。

They called off the soccer game.

サッカーの試合が中止された。

02

Call up

▷ 電話する

Callだけで使う場合よりも、より「人を呼び出す」感が含まれます。

I'll call up my mom after dinner.

夕食後にお母さんに電話するよ。

03

Call back

▷ （電話を）かけ直す

誰かに後で電話をかけ直すときに使います。

I missed his call, so I'll call him back later.

電話に出られなかったので、かけ直します。

04

Call out

▷ 呼びかける

大声で呼びかけたり、助けを求めたりする際に使われます。行動や発言を非難する場合にも使われます。

He called out for help.

彼は助けを求めました。

05

Call for

▷ 要求する

何かしらの行動や対応が必要な状況で使われます。

This situation calls for immediate action.

この状況はすぐに対応が必要だ。

15 **Hold**

一時的にしっかりと保持する、つかむ。

Holdのコアイメージは、「（力を加えて）動きを一時的に止めておく」ことです。「一時的に」というところがポイントです。次項目のKeepは、一時的にではなく長期間、意図して維持するというイメージです。Keepは長期間、Holdは短期間と覚えておきましょう。

 日常ではこう使ってる！ Hold on

電話を保留するときに使われるHold on.（少々お待ちください）ですが、対面でも「ちょっと待ってほしい」という意味で使うことができます。

A: Hold on, I need to grab my bag.
ちょっと待って、バッグを持たないと。

B: Sure, I'll wait here.
いいよ、ここで待ってるね。

01 Hold on

▷ 待つ、踏みとどまる

電話で保留するときなどに、「待つ」という意味で使います。「踏みとどまる」から「待つ」が派生したものです。

Hold on, I'll be right there.
ちょっと待って、すぐ行きます。

02 Hold up

▷ 妨げる、遅れさせる

「動かないようにする」というイメージから派生し、「手を上げろ」「強盗する」などの意味で使う場合も。

Sorry, I was held up in traffic.
ごめんなさい、渋滞で遅れました。

03 Hold off

▷ 持ち越す、延期する

Push offは、より明確な延期、Hold offは、一時的に判断を保留するという感覚です。

Let's hold off on making a decision until tomorrow.
決定は明日まで持ち越しましょう。

04 Hold together

▷ 団結する、まとめる

チームやグループなどの団結を表現します。

The team managed to hold together.
チームは団結しようとしていた。

05 Hold down

▷ 抑制する、抑えつける

Hold downは感情を抑制すること、Calm downは落ち着くことに焦点を当てています。

He tried to hold down his excitement.
彼は興奮を抑えようとしました。

16 Keep

コアイメージ

保ちつづける、維持する。

何かを現状のまま維持し続けたり、手元に置いたりするイメージです。「持ち続けよう」や「継続させよう」という意志を持って、自分のテリトリーに維持します。似た意味を持つHoldよりも、時間が長めになります。こういった「保ち続ける」感覚から、Keep going（続ける）やKeep quiet（静かにする）のように、さまざまな意味が派生しています。

 日常ではこう使ってる！ `Keep out`

看板に「立ち入り禁止」の意味で使われていることが多いKeep out。意味がわかっていないと大変なことになりますので、注意しましょう。

A: This area is dangerous. Please keep out.
このエリアは危険です。入らないでください。

B: Okay, I won't go in.
わかりました、入らないようにします。

Keep up

01

▷ 維持する、続ける

Keepは広い意味での維持を指し、Keep upは特定の努力や継続を表します。

Keep up the good work.

これからもいい仕事を続けてください。

Keep away

02

▷ 遠ざける、離れている

危険なものや、やっかいごとを避けるときに使います。

Keep away from the fire.

火に近づけないでください。

Keep out

03

▷ 入れない、締め出す

英語で書かれている看板を見たことがある人もいるのでは？ 「立ち入り禁止」の意味です。

Please keep out of the restricted area.

禁止区域に近づかないでください。

Keep back

04

▷ 抑える、こらえる

人、くしゃみ、または感情を押しとどめておく、こらえるような場面で使います。

She kept back her tears.

彼女は涙をこらえました。

Keep off

05

▷ 近寄らない

中、外の概念がない場所で、離れていてほしい、近づかないでほしいという意味で使います。

Put a cloth over the salad to keep the flies off.

蠅が寄らないように、サラダに布をかぶせて。

17 **Fall**

コアイメージ

（物が）上から下へ急激に移動する。

Fallは自然な重力によって「落ちる」ことを意味します。誰かが意図的に落としたわけではなく、自然な現象や動作であるFallに対し、似た意味を持つDropは、誰かが意図的または不注意で落とすことを表します。Fallは場面により「落ちる」という動作だけでなく、状況や感情が低下する、悪化するなどの意味を表します。

 日常ではこう使ってる！ Fall for

恋に落ちるというと、Fall in love with~（～と恋に落ちる）のほうが知られていますが、Fall forの言い方も日常でよく使われています。

A : **Did you really fall for her?**
本当に彼女に恋しちゃったの？

B : **Yes, I can't stop thinking about her.**
うん、彼女のことが頭から離れないんだ。

Fall apart
01
▷ バラバラになる

物や人がバラバラになる様子を表します。

The old house is falling apart.
古い家はボロボロだ。

Fall back on
02
▷ 頼る

特に、困ったときに備えておいた予備のリソースを活用する場合に使われます。

I can always fall back on my savings.
いつでも貯蓄に頼ることができます。

Fall behind
03
▷ 遅れる

進捗や状況が良くないときやスケジュールに間に合わない場合に使います。

She fell behind in her studies.
彼女は勉強に遅れをとりました。

Fall down
04
▷ 失敗する、崩れる

Fall単体では広い意味で「落ちる」という動作を表し、downが付くことで地面へ崩れることを強調します。

He fell down while skating.
彼はスケート中に転倒しました。

Fall for
05
▷ だまされる、恋に落ちる

「何かに向かって落ちていく」というニュアンスを表し、そこから物理的でない「落ちる」に派生しました。

I can't believe I fell for that trick.
あのトリックに引っかかるなんて、自分でも信じられません。

18 Show

コアイメージ

見せる、明らかにする。

Showは物や情報、感情を相手に伝えるために、何かを提示することが基本の意味です。物理的に見せるだけでなく、感情や態度などを表すときにも使われます。例えば、服や時計や車のような物を見せる場合もあれば、地図上で方向を指し示すこともあります。Her face showed disappointment.（彼女の顔に失望の色が浮かんだ）のように、心の中をShow（見せる）のようにも使います。

 日常ではこう使ってる！ `Show off`

Showは単に見せるという意味ですが、Show offは自慢や見せびらかすというニュアンスが含まれます。

A : Why are you doing that? Are you trying to show off?
どうしてそんなことするの？ 自慢なの？

B : No, I'm just having fun!
違うよ、ただ楽しんでるだけ！

01

Show up

▷ 現れる

約束の場所に来る、予定通りに現れることなどを表します。

He didn't show up to the party.

彼はパーティーに現れなかった。

02

Show off

▷ 見せびらかす

何かをわざと強調して他人に見せつける場合に使います。

He always tries to show off his new car.

彼はいつも新しい車を自慢しようとする。

03

Show around

▷ 案内する

街などの案内から、オフィスや学校内の案内まで、広い意味での「案内する」として使われる表現です。

I'll show you around the city.

街を案内してあげるよ。

04

Show through

▷ 透けて見える

何かがチラッと透けて見えるときに使います。シースルー（See through)という表現は和製英語でおなじみですね。

Her emotions were starting to show through.

彼女の感情が表に出始めていました。

05

Show up for

▷ 出席する

カジュアルな表現です。似た意味のAttendはよりフォーマルな表現として使われます。

He showed up for his doctor's appointment.

彼は診察の予約に現れました。

19 Move

コアイメージ

何かの位置を変える、移動させる。

「何かの位置を動かす、移動させる」というイメージから、よく知られている「動く」という意味が生まれています。Moveには、「主語が動く」自動詞と言われる使い方と、「主語が何かを動かす」他動詞と言われる使い方の2通りがあります。物理的に「何かを動かす」という行為だけでなく、感情や状況の変化についても表現することができます。

 日常ではこう使ってる！ Move over

Move overは、誰かにスペースを空けるための移動を表します。日本語の「もうちょっと詰めて」にぴったりの表現です。

A : Can you move over a bit?
少し詰めてくれる？

B : Sure, no worries.
もちろん、大丈夫だよ。

Move in
01
▷ 引っ越してくる

新しい場所に住み始めるときに使います。出ていく場合はMove outになります。

When are you moving in?
いつ引っ越してくるんですか?

Move on
02
▷ 次に進む

物事を終わらせて、新しい段階に進むときに使います。

Let's move on to the next topic.
次の話題に移りましょう。

Move up
03
▷ 前倒しする、昇進する

予定を前倒しすることや、会社での昇進などに使います。

The meeting has been moved up to tomorrow.
会議は明日に前倒しされました。

Move over
04
▷ 席を譲る、場所を空ける

特に他の人のために「少し動く」「席を詰める」という意味で使われます。

Can you move over so I can sit down?
席を空けてもらえますか?

Move along
05
▷ 前進させる、進める

立ち止まらずに進み続けるというニュアンスです。物事がスムーズに進むという意味でも使われます。

The police told the crowd to move along.
警察は人びとに前へ進むよう言いました。

20 Pick

選び取る、つまみ取る。

Pickは何かの中から1つを手で選び取る、というイメージが基本です。視覚的な選択や少数の選択肢から1つを選ぶ場合に使われることが多く、似た単語のChooseやSelectに比べるとカジュアルな表現です。Pickはカジュアル、そして少数から選ぶ場合、Chooseは広い範囲からの選択、Selectはフォーマルで慎重な選択の場合に使われます。

 日常ではこう使ってる！ `Pick on`

Pick onは「いじめる」や「からかう」という意味です。誰かが他の人を不公平に批判したり、からかったりする状況で使われます。注意が必要な表現です。

A: **Why do you always pick on me?**
どうしていつも私をからかうの?

B: **Sorry, I didn't mean to upset you.**
ごめん、怒らせるつもりはなかったんだ。

01

Pick up

▷ 拾う、迎えに行く

物を拾うとき、迎えに行くときに使います。代名詞の場合は、Pick you upのようにPickとupの間に入れます。

Can you pick me up at 7?

7時に迎えに来てくれますか?

02

Pick out

▷ 選び出す

いくつかの選択肢から何かを「選び出す」という意味。視覚的に何かを選ぶ際に使われます。

I need to pick out a dress for the party.

パーティー用のドレスを選ばないと。

03

Pick on

▷ いじめる、からかう

カジュアルな会話の中で、誰かを批判したり、いじめの話を聞いたりしたときに使います。

Why do you always pick on him?

どうしていつも彼をからかうんですか?

04

Pick at

▷ つつく、少しずつ食べる

食欲がないときや、ほんの少ししか食べない場合に使います。Picky eaterという熟語は、偏食の人のことです。

She's just picking at her food.

彼女は食べ物をつついているだけです。

05

Pick up after

▷ 後片付けをする

人が散らかしたものを片付けるときや、後始末をするときに使う表現です。

I always have to pick up after the kids.

いつも子供たちの後片付けをしている。

ちょっとひと息

海外ドラマ『フレンズ』が 英語学習に最適な理由

　英語学習といえば、多くの人がまず思い浮かべるのが教科書や参考書。しかし、海外ドラマを使った学習法も、楽しく自然な英語に触れるための絶好の手段です。そして、その中でも特に、世界中で愛され続けているアメリカのシットコム『フレンズ』は、放映から長い時間が経った今も、英語学習者にとても人気の教材です。実際に日本だけでなく、英語を学習している他国の人たちにも『フレンズ』は教材として知られています。ではいったい『フレンズ』の何がそんなにいいのでしょう?

　やはりいちばん良いところは、普通であることです。主役の 6 人が話しているのは、彼らくらいの年齢のアメリカ人が実際にしている会話といえます。下ネタもスラングも含めて、すべてが アメリカ人のリアルなんです。

だから日常生活でいちばん使える英語が学びたいなら、今でも『フレンズ』なんですね。

　ここからもう少し詳しくその魅力を見ていきましょう。

教科書では学べない日常会話フレーズが満載

『フレンズ』の魅力は、なんといってもそのリアルな日常会話。教科書ではあまり触れられない、しかし実際の英会話で頻繁に使われるフレーズが数多く登場します。例えば、以下のようなフレーズです。

What's up?（どうしたの？／元気？）
I'm so done with this.（もうこれにはうんざりだよ）

　このような表現は、ネイティブが日常でよく使うもの。しかも教科書には載っていません。また、シチュエーションも多岐にわたり、友達同士の軽口から、ちょっとしたトラブルまで、現実味のある会話が繰り広げられます。

主語は「I」や「You」──リアルな会話の練習に最適

　教科書では、例文の主語に He や She もしばしば使用されます。しかし、実際の会話では、話し手が「自分」や「相手」を主語にし

た表現が圧倒的に多いはず。『フレンズ』では、登場人物が繰り広げる会話の中で I や You を主語とした自然なやり取りを学ぶことができます。だからこそ、すぐに応用できる表現力が身につくんですね。

アメリカの文化やユーモアも同時に学べる

　英語を学ぶだけでなく、アメリカの文化やネイティブのユーモアに触れられるのも『フレンズ』の魅力のひとつです。例えば、カフェで雑談をするシーンでは、アメリカ人の生活スタイルや考え方が垣間見えます。また、ジョークや、ちょっとした皮肉を込めた表現などを通じて、言葉の裏にある意味を読み取る練習もできます。

　さらに、アメリカ英語のリズムやイントネーション、リンキング、スラング表現に慣れれば、リスニング力は格段にアップします。

　英語学習にはさまざまな方法がありますが、『フレンズ』のような海外ドラマを使うやり方では、実践的なスキルを楽しく身につけることができます。日常会話フレーズと文化に触れながら耳と口を鍛えるこの方法は、まさに一石二鳥。ぜひお気に入りのドラマを見つけて、楽しみながら英語力をアップさせてみてください！

それでは、PART1を
おさらいしましょう！

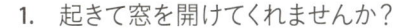

ヒント

1. 起きて窓を開けてくれませんか？

Can you get　and　the window?

開ける＝open

2. 自転車に乗って出発しよう！

Get　the bike and　go!

●●●ゴー！

3. いつもは朝7時に起きるんだ。

I　get up　7 AM.

4. バスが出発する前に乗り込もう。

**　get　the bus before it leaves.**

タクシー、車に乗り込む場合はget in

5. 彼のインフルエンザはなかなか治らなかった。

It took him a　to get　the flu.

この場合のtook＝時間がかかった

6. 同僚たちとはうまくやってます。

I get　well　my coworkers.

wellの後ろは前置詞です。

7. いつ旅行から戻ってくるのですか？

**　will you get　from your trip?**

1. 起きて窓を開けてくれませんか？

   Can you get up and open the window?

---

2. 自転車に乗って出発しよう！

   Get on the bike and let's go!

---

3. いつもは朝7時に起きるんだ。

   I usually get up at 7 AM.

---

4. バスが出発する前に乗り込もう。

   Let's get on the bus before it leaves.

---

5. 彼のインフルエンザはなかなか治らなかった。

   It took him a while to get over the flu.

---

6. 同僚たちとはうまくやってます。

   I get along well with my coworkers.

---

7. いつ旅行から戻ってくるのですか？

   When will you get back from your trip?

Let's exercise

  **2 Take**

ヒント

8. 飛行機はまもなく離陸します。

The plane will ▮▮▮ off ▮▮▮.

まもなく、
もうすぐ＝soon

9. 彼はリーダーの役目を引き受けました。

He took ▮▮ the ▮▮ of
team leader.

役目＝role。
「エンドロール」の
語源は、Roll（巻
物）のようです。

10. 彼女は母親似です。

She takes ▮▮ her ▮▮▮▮.

11. 彼は家業を継ぐことになるだろう。

He will take ▮▮ the family
▮▮▮.

「家業」は●●●
●●ビジネスと
いいます。

12. すべての情報を理解するのは難しい。

It's ▮▮ to take ▮ all this
information.

「難しい」は
difficultだけで
はありません。

13. お父さんとお母さん、どちらに似ていますか？

Do you take ▮▮▮ your father or
your ▮▮▮▮?

「マザコン」は●
●●コンプレック
スの略ですね。

14. その便は何時に離陸しますか？

▮▮▮ time does the flight
take ▮▮?

何時？
＝what time?

8. 飛行機はまもなく離陸します。

The plane will take off soon.

---

9. 彼はリーダーの役目を引き受けました。

He took on the role of team leader.

---

10. 彼女は母親似です。

She takes after her mother.

---

11. 彼は家業を継ぐことになるだろう。

He will take over the family business.

---

12. すべての情報を理解するのは難しい。

It's hard to take in all this information.

---

13. お父さんとお母さん、どちらに似ていますか？

Do you take after your father or your mother?

---

14. その便は何時に離陸しますか？

What time does the flight take off?

ヒント

15. どうぞ、話を続けてください。

Please go ▢ with your ▢.

continueに言い換えも可能です。

---

16. もう一度、詳細を確認しておきましょう。

Let's go ▢ the details ▢.

もう一度、再び＝again

---

17. 計画を進めることができます。

You ▢ go ▢ with the plan.

---

18. 最近は値上がりしています。

Prices have gone ▢ ▢.

最近は＝recently, lately

---

19. 契約書をじっくり確認しましょう。

Let's go ▢ this contract.

go through＝通して見る＝しっかり確認する

---

20. このページを注意深く見直してください。

Go ▢ this page ▢.

---

21. 準備ができたら進んでください。

If you're ▢, go ▢.

準備できた？＝Are you ready?

15. どうぞ、話を続けてください。

Please go on with your story.

---

16. もう一度、詳細を確認しておきましょう。

Let's go over the details again.

---

17. 計画を進めることができます。

You can go ahead with the plan.

---

18. 最近は値上がりしています。

Prices have gone up recently.

---

19. 契約書をじっくり確認しましょう。

Let's go through this contract.

---

20. このページを注意深く見直してください。

Go over this page carefully.

---

21. 準備ができたら進んでください。

If you're ready, go ahead.

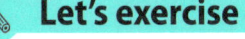

22. 彼女は素晴らしい計画を思いつきました。

She came ▢▢ a great plan.

---

23. 昨日、旧友にバッタリ会いました。

I came ▢ an ▢ friend yesterday.

旧友＝古い友達です。

---

24. 明日また来ます。

I'▢ come ▢ tomorrow.

未来のことはwillを使って表現します。

---

25. 来月には新刊が出る予定です。

The ▢ book will come ▢ next month.

新刊＝新しい本

---

26. 夕食を食べに来ませんか？

▢ don't you come ▢ for dinner?

〜してはどうですか？＝Why don't you~?

---

27. チームの名前を考えましょう。

▢ come ▢ with a name for the team.

---

28. 私の家に来てくれますか？

▢ you come ▢ to my house?

〜してくれませんか？
＝Can you~?

22. 彼女は素晴らしい計画を思いつきました。

She came up with a great plan.

---

23. 昨日、旧友にバッタリ会いました。

I came across an old friend yesterday.

---

24. 明日また来ます。

I'll come back tomorrow.

---

25. 来月には新刊が出る予定です。

The new book will come out next month.

---

26. 夕食を食べに来ませんか？

Why don't you come over for dinner?

---

27. チームの名前を考えましょう。

Let's come up with a name for the team.

---

28. 私の家に来てくれますか？

Can you come over to my house?

Let's exercise

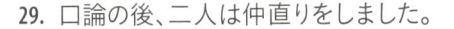

5 Make

---

29. 口論の後、二人は仲直りをしました。

    They made ▮▮ after the ▮▮▮▮▮.

    口論＝
    argument

---

30. 彼女は厳しい面接を切り抜けました。

    She made it ▮▮▮▮ the ▮▮▮
    interview.

    厳しい＝tough

---

31. 彼らは古い建物を博物館にしました。

    They made the old building ▮▮
    a ▮▮▮▮▮▮.

    博物館、美術館、
    ともに英語で同
    じ言い方です。

---

32. 彼が何を言っているのかわかりませんでした。

    I could▮ make ▮▮ what he was
    saying.

---

33. 彼の行動をどう思いますか？

    ▮▮▮ do you make ▮ his
    behavior?

    Howではありま
    せん。

---

34. 時間に間に合いましたか？

    Did you make ▮ ▮ time?

    「定刻に」は●●
    タイムと言います
    ね。

---

35. 妹と仲直りすべきです。

    You should make ▮▮ ▮ your
    sister.

69

29. 口論の後、二人は仲直りをしました。

They made **up** after the **argument**.

---

30. 彼女は厳しい面接を切り抜けました。

She made it **through** the **tough** interview.

---

31. 彼らは古い建物を博物館にしました。

They made the old building **into** a **museum**.

---

32. 彼が何を言っているのかわかりませんでした。

I couldn't make **out** what he was saying.

---

33. 彼の行動をどう思いますか？

What do you make **of** his behavior?

---

34. 時間に間に合いましたか？

Did you make **it on** time?

---

35. 妹と仲直りすべきです。

You should make **up with** your sister.

✏️ Let's exercise　　　　6️⃣ Look

💭ヒント

36. 鍵を探しているんです。

I'm 　　　　　 my keys.

> 現在進行形は
> ~ingを使いま
> す。

---

37. 留守中、犬の世話をしてもらえますか？

　　 you look 　　 my dog while I'm away?

> Can you~? で
> 「してもらえます
> か？」

---

38. 私たちはこの問題を調査します。

We' look 　　 the issue.

> これから行うこと
> は未来のwillを
> 使います。

---

39. 辞書でその言葉を調べてみます。

I'll look 　　 the word 　 the dictionary.

---

40. 僕はずっと兄を尊敬してきました。

I' always looked 　　 to my older brother.

> 過去→現在まで
> 続くことについて
> はhave/has+過
> 去分詞。

---

41. 誰があなたの犬の世話をしていますか？

　　　　 looks 　　　 your dog?

> 「誰が」がいちば
> ん最初にきます。

---

42. 何を探しているのですか？

What 　　 you looking 　　?

36. 鍵を探しているんです。

    I'm **looking** **for** my keys.

---

37. 留守中、犬の世話をしてもらえますか？

    Can you look **after** my dog while I'm away?

---

38. 私たちはこの問題を調査します。

    We'**ll** look **into** the issue.

---

39. 辞書でその言葉を調べてみます。

    I'll look **up** the word **in** the dictionary.

---

40. 僕はずっと兄を尊敬してきました。

    I'**ve** always looked **up** to my older brother.

---

41. 誰があなたの犬の世話をしていますか？

    Who looks **after** your dog?

---

42. 何を探しているのですか？

    What **are** you looking **for**?

ヒント

---

43. おもちゃを片付けてください。

Please put ▢▢ your ▢▢.

「おもちゃ」のお店といえば〈●●ザらス〉

---

44. 彼女は上着を羽織って出ていきました。

She put ▢▢ her jacket before ▢▢.

直訳は「出発する前に上着を着た」になります。

---

45. マネージャーにつないでもらえますか？

Can you put me ▢▢▢ the manager?

the manager の前には前置詞が必要です。

---

46. 彼は寝る前に火を消しました。

He put ▢▢ the fire before going to ▢▢.

寝る
=go to bed

---

47. 会議は来週に持ち越されました。

They put ▢▢ the meeting ▢▢ next week.

---

48. 靴を履くのを忘れないで。

Don't ▢▢ to put ▢ your shoes.

〜を忘れないで
=don't forget to 動詞

---

49. コンサートは雨のため延期されました。

The concert was put ▢▢ because ▢ the rain.

〜の理由で
=because of〜

73

43. おもちゃを片付けてください。

Please put away your toys.

---

44. 彼女は上着を羽織って出ていきました。

She put on her jacket before leaving.

---

45. マネージャーにつないでもらえますか？

Can you put me through to the manager?

---

46. 彼は寝る前に火を消しました。

He put out the fire before going to bed.

---

47. 会議は来週に持ち越されました。

They put off the meeting until next week.

---

48. 靴を履くのを忘れないで。

Don't forget to put on your shoes.

---

49. コンサートは雨のため延期されました。

The concert was put off because of the rain.

ヒント

50. 彼女はチョコレートの誘惑に負けました。

She gave ▢ to the temptation ▢ chocolate.

temptation
＝誘惑

---

51. 私は夢をあきらめません。

I won't give ▢ ▢ my dreams.

my dreamsの
前には前置詞が
必要です。

---

52. 貸した本を返してくれますか？

▢ you give ▢ the book I lent you?

lent＝貸した

---

53. 花は心地よい香りを放っていました。

The ▢ gave ▢ a pleasant scent.

pleasant scent
＝心地よい香り

---

54. 彼女は古着を寄付した。

She gave ▢ her ▢ clothes.

---

55. 彼女は借りたジャケットを返しました。

She gave ▢ the jacket she ▢.

借りる＝borrow

---

56. 彼女はタバコをやめることにしました。

She decided to give ▢ ▢.

「やめる」はquit
と言うこともでき
ます。

50. 彼女はチョコレートの誘惑に負けました。

She gave **in** to the temptation **of** chocolate.

---

51. 私は夢をあきらめません。

I won't give **up on** my dreams.

---

52. 貸した本を返してくれますか？

Can you give **back** the book I lent you?

---

53. 花は心地よい香りを放っていました。

The **flowers** gave **off** a pleasant scent.

---

54. 彼女は古着を寄付した。

She gave **away** her **old** clothes.

---

55. 彼女は借りたジャケットを返しました。

She gave **back** the jacket she **borrowed**.

---

56. 彼女はタバコをやめることにしました。

She decided to give **up smoking**.

ヒント

57. 彼らは遅れた人たちを追い返しました。

They ▢▢ ▢▢ the latecomers.

latecomers
＝遅刻者

---

58. 電気をつけてくれますか？

▢▢ you turn ▢ the lights?

Can you~? で
何かを依頼する
型。

---

59. 彼はパーティーに遅れてやってきた。

He turned ▢ late ▢ the party.

the partyの前
に前置詞が必要
です。

---

60. 宿題を提出しなければいけません。

I need ▢ turn ▢ my homework.

〜をする必要が
ある
＝need to~

---

61. 続きを読むにはページをめくってください。

Turn ▢ the page to continue
▢▢.

---

62. 課題を提出するのを忘れないでください。

Don't forget to turn ▢ your
▢▢.

課題
＝assignment

---

63. テレビが聞こえない。音を大きくしてくれる？

I can't ▢ the TV. Can you turn
▢ the volume?

I can't hear
＝「聞くことが
できない」という
意味。

57. 彼らは遅れた人たちを追い返しました。

They **turned** **away** the latecomers.

---

58. 電気をつけてくれますか?

Can you turn **on** the lights?

---

59. 彼はパーティーに遅れてやってきた。

He turned **up** late **to** the party.

---

60. 宿題を提出しなければいけません。

I need **to** turn **in** my homework.

---

61. 続きを読むにはページをめくってください。

Turn **over** the page to continue **reading**.

---

62. 課題を提出するのを忘れないでください。

Don't forget to turn **in** your **assignment**.

---

63. テレビが聞こえない。音を大きくしてくれる?

I can't **hear** the TV. Can you turn **up** the volume?

ヒント

64. 彼らは来週にミーティングを設定しました。

They set ▨ a meeting for next ▨.

来週＝next week、来年＝next year

65. もしものために、お金を確保しています。

I set ▨ some money ▨ emergencies.

emergencies ＝緊急→いざというとき

66. 彼女の熱心さは他の人とは一線を画します。

Her dedication sets her ▨ ▨ the others.

67. プロジェクトは悪天候のために遅れました。

The project ▨ set back ▨ bad weather.

直訳は「悪天候によって後退した」です。

68. 彼らは新しい町の探検に出発しました。

They set ▨ to ▨ the new city.

探検する ＝explore

69. 一緒にアカウントを設定しましょう。

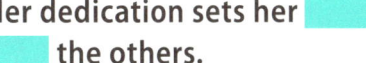

Let's set ▨ the account ▨.

パソコン関連では「セット●●●する」をしばしば使います。

70. 新店舗のオープンは数週間遅れました。

The opening of the new shop has been set ▨ by a ▨ weeks.

遅れる ＝set back

64. 彼らは来週にミーティングを設定しました。

They set **up** a meeting for next **week**.

---

65. もしものために、お金を確保しています。

I set **aside** some money **for** emergencies.

---

66. 彼女の熱心さは他の人とは一線を画します。

Her dedication sets her **apart from** the others.

---

67. プロジェクトは悪天候のために遅れました。

The project **was** set back **by** bad weather.

---

68. 彼らは新しい町の探検に出発しました。

They set **out** to **explore** the new city.

---

69. 一緒にアカウントを設定しましょう。

Let's set **up** the account **together**.

---

70. 新店舗のオープンは数週間遅れました。

The opening of the new shop has been set **back** by a **few** weeks.

ヒント

71. 彼につかまったけど、必死に逃げた。

He grabbed me, but I ▮▮▮▮ to break ▮▮▮.

---

72. 彼女は婚約を解消しました。

She broke ▮▮ the engagement.

---

73. 彼らは壁を打ち破って勝利しました。

They broke ▮▮▮ the ▮▮▮ to win.

壁を破ることをブレーク●●●と言います。

---

74. 二人は5年間の交際の末に別れた。

They broke ▮▮ ▮▮ five years together.

「5年間の交際の後に」が直訳です。

---

75. 高速道路で車が故障しました。

My car broke ▮▮▮ on the highway.

---

76. 彼女は恐怖を克服してスピーチをしました。

She broke ▮▮▮▮ her fear and ▮▮▮ the speech.

「スピーチをする」は英語だと「スピーチを与える」になります。

---

77. 機械が故障して動かなくなりました。

The machine broke ▮▮▮ and stopped ▮▮▮.

動かない、稼働しない＝not work

71. 彼につかまったけど、必死に逃げた。

He grabbed me, but I managed to break away.

72. 彼女は婚約を解消しました。

She broke off the engagement.

73. 彼らは壁を打ち破って勝利しました。

They broke through the barriers to win.

74. 二人は5年間の交際の末に別れた。

They broke up after five years together.

75. 高速道路で車が故障しました。

My car broke down on the highway.

76. 彼女は恐怖を克服してスピーチをしました。

She broke through her fear and gave the speech.

77. 機械が故障して動かなくなりました。

The machine broke down and stopped working.

✏ Let's exercise

12 Bring

ヒント

---

78. ストレスで頭痛がした。

The stress brought ▢ a ▢▢▢▢▢.

「ストレスが頭痛を引き起こした」が直訳。

---

79. 手伝ってもらうために彼を呼んだんです。

They brought him ▢ ▢ help.

---

80. その色は本当にあなたの目を引き立てます。

That color ▢▢▢ brings ▢ your eyes.

本当に＝really

---

81. 彼は一人で子供を育てた。

He brought ▢ his children ▢ himself.

raise（育てる）という言い方もあります。

---

82. 彼はクラスに良い変化をもたらした。

He brought ▢▢▢ ▢▢▢ changes in the class.

ネガティブの反対は●●●●●。

---

83. 過去のことは持ち出さないようにしましょう。

Let's ▢ bring ▢ the past.

否定のときに使うのは？

---

84. 彼は東京で生まれ育ちました。

He was ▢▢▢ and brought ▢ in Tokyo.

born and raisedと言い換え可能です。

78. ストレスで頭痛がした。

The stress brought on a headache.

---

79. 手伝ってもらうために彼を呼んだんです。

They brought him in to help.

---

80. その色は本当にあなたの目を引き立てます。

That color really brings out your eyes.

---

81. 彼は一人で子供を育てた。

He brought up his children by himself.

---

82. 彼はクラスに良い変化をもたらした。

He brought about positive changes in the class.

---

83. 過去のことは持ち出さないようにしましょう。

Let's not bring up the past.

---

84. 彼は東京で生まれ育ちました。

He was born and brought up in Tokyo.

✏ Let's exercise

 13 Run

 ヒント

85. その犬は家から逃げ出しました。

The dog ran ▢▢ ▢▢ home.

homeの前に入るのは前置詞。

---

86. 牛乳がなくなりました。

We ran ▢▢ ▢ milk.

～がなくなる＝run out of

---

87. 偶然昔の友達にモールで会いました。

I ran ▢▢ an old friend ▢ the mall.

run intoで「偶然、バッタリ」を表現できます。

---

88. 彼は誤ってリスを轢いてしまいました。

He accidentally ran ▢▢
a ▢▢▢▢.

リス＝squirrel

---

89. もう一度、プランを確認してみよう。

Let's run ▢▢▢ the plan one
▢▢▢ time.

もう一度＝one more time

---

90. 自分の問題から逃げないでください。

Don't run ▢▢ from your
▢▢▢▢.

---

91. 彼らは高速道路でガソリンがなくなりました。

They ran out ▢ gas ▢ the
highway.

the highwayの前に入るのは前置詞です。

85

85. その犬は家から逃げ出しました。

The dog ran away from home.

---

86. 牛乳がなくなりました。

We ran out of milk.

---

87. 偶然昔の友達にモールで会いました。

I ran into an old friend at the mall.

---

88. 彼は誤ってリスを轢いてしまいました。

He accidentally ran over a squirrel.

---

89. もう一度、プランを確認してみよう。

Let's run through the plan one more time.

---

90. 自分の問題から逃げないでください。

Don't run away from your problems.

---

91. 彼らは高速道路でガソリンがなくなりました。

They ran out of gas on the highway.

92. サッカーの試合が中止された。

They called ▢ the soccer game.

---

93. 電話に出られなかったので、かけ直します。

I missed his ▢, so I'll call him ▢ later.

callは名詞でも
使います。

---

94. 彼は助けを求めました。

He called ▢▢ help.

help
＝助け、手伝い

---

95. 後でかけ直してくれますか？

Can you call ▢▢?

「さっき」は
earlier、「後ほ
ど」は？

---

96. 労働者たちはより良い給与を要求しました。

The workers called ▢▢▢ pay.

より良い暮らし、
ベターライフとも
言いますね。

---

97. この状況はすぐに対応が必要だ。

This situation calls ▢ immediate ▢.

---

98. 夕食後にお母さんに電話するよ。

I'll call ▢ my mom ▢ dinner.

dinnerの前に入
るのは前置詞で
す。

92. サッカーの試合が中止された。

They called off the soccer game.

---

93. 電話に出られなかったので、かけ直します。

I missed his call, so I'll call him back later.

---

94. 彼は助けを求めました。

He called out for help.

---

95. 後でかけ直してくれますか？

Can you call back later?

---

96. 労働者たちはより良い給与を要求しました。

The workers called for better pay.

---

97. この状況はすぐに対応が必要だ。

This situation calls for immediate action.

---

98. 夕食後にお母さんに電話するよ。

I'll call up my mom after dinner.

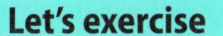

Let's exercise

 **15** Hold

ヒント

99. ごめんなさい、渋滞で遅れました。

Sorry, I was   up   traffic.

trafficの前には前置詞。

---

100. チームは団結しようとしていた。

The team managed   hold   .

なんとか〜する＝manage to〜

---

101. 決定は明日まで持ち越しましょう。

Let's hold   on making a   until tomorrow.

「決定」はdecideの名詞形。

---

102. ちょっと待って、すぐ行きます。

Hold , I'll be   there.

「すぐに」という意味でも使うのがright。

---

103. 彼は興奮を抑えようとしました。

He   to hold   his excitement.

〜しようとする、試みる＝try to〜

---

104. 答えがわかる人は手を挙げてください。

Hold   your hand   you know the answer.

（もしも）答えがわかるなら、です。

---

105. 携帯を探す間、待ってもらえますか？

Can you hold   I find my phone?

99. ごめんなさい、渋滞で遅れました。

Sorry, I was held up in traffic.

---

100. チームは団結しようとしていた。

The team managed to hold together.

---

101. 決定は明日まで持ち越しましょう。

Let's hold off on making a decision until tomorrow.

---

102. ちょっと待って、すぐ行きます。

Hold on, I'll be right there.

---

103. 彼は興奮を抑えようとしました。

He tried to hold down his excitement.

---

104. 答えがわかる人は手を挙げてください。

Hold up your hand if you know the answer.

---

105. 携帯を探す間、待ってもらえますか？

Can you hold on while I find my phone?

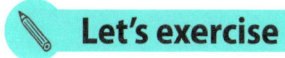 
ヒント

106. <ruby>蝿<rt>はえ</rt></ruby>が寄らないように、サラダに布をかぶせて。

Put a cloth ▢▢ the salad to keep the flies ▢.

---

107. 火に近づけないでください。

Keep ▢▢ ▢▢ the fire.

the fireの前には前置詞。

---

108. これからもいい仕事を続けてください。

Keep ▢ the good ▢▢.

Keep doing a great job.のような言い方もできます。

---

109. 彼女は涙をこらえました。

She ▢▢ ▢▢ her tears.

keepの時制を過去にすること。

---

110. 禁止区域に近づかないでください。

Please keep ▢ of the restricted ▢▢.

禁止区域はrestricted areaと言います。

---

111. 悪い人たちからは距離をとったほうがいいよ。

You ▢▢ keep ▢▢ from bad people.

〜べきです
＝should

---

112. 看板には「立ち入り禁止！」と書いてあります。

The sign ▢▢, "Keep ▢▢!"

〜と書いてある
＝says〜

91

106. 蠅が寄らないように、サラダに布をかぶせて。
はえ

Put a cloth over the salad to keep the flies off.

---

107. 火に近づけないでください。

Keep away from the fire.

---

108. これからもいい仕事を続けてください。

Keep up the good work.

---

109. 彼女は涙をこらえました。

She kept back her tears.

---

110. 禁止区域に近づかないでください。

Please keep out of the restricted area.

---

111. 悪い人たちからは距離をとったほうがいいよ。

You should keep away from bad people.

---

112. 看板には「立ち入り禁止！」と書いてあります。

The sign says, "Keep out!"

（ヒント）

113. あのトリックに引っかかるなんて、自分でも信じられません。

I can't ▮▮▮▮ I fell ▮▮ that trick.

引っかかる
＝fall for

---

114. 古い家はボロボロだ。

The old house is ▮▮▮▮ ▮▮▮▮.

---

115. いつでも貯蓄に頼ることができます。

I can always fall ▮▮▮ on my
▮▮▮▮.

貯蓄＝savings

---

116. 彼女は勉強に遅れをとりました。

She ▮▮ behind ▮ her studies.

時制は「過去」です。

---

117. 彼はスケート中に転倒しました。

He fell ▮▮▮▮ ▮▮▮▮ skating.

〜のあいだに
＝while~

---

118. 計画はコミュニケーション不足で失敗した。

The plan fell ▮▮▮▮▮ because of
▮▮▮ communication.

コミュニケーション不足＝「貧しいコミュニケーション」です。

---

119. あなたに恋をしていると思います。

I ▮▮▮▮ I'm ▮▮▮▮ for you.

I thinkをつけることで、表現を柔らかくします。

113. あのトリックに引っかかるなんて、自分でも信じられません。

I can't **believe** I fell **for** that trick.

---

114. 古い家はボロボロだ。

The old house is **falling apart**.

---

115. いつでも貯蓄に頼ることができます。

I can always fall **back** on my **savings**.

---

116. 彼女は勉強に遅れをとりました。

She **fell** behind **in** her studies.

---

117. 彼はスケート中に転倒しました。

He fell **down while** skating.

---

118. 計画はコミュニケーション不足で失敗した。

The plan fell **through** because of **poor** communication.

---

119. あなたに恋をしていると思います。

I **think** I'm **falling** for you.

Let's exercise

18 Show

120. 彼は診察の予約に現れました。

He showed ▢ ▢ his doctor's appointment.

前置詞を忘れずに！

---

121. 彼はパーティーに現れなかった。

He didn't show ▢ to the party.

---

122. 彼女の感情が表に出始めていました。

Her emotions ▢ starting to show ▢.

時制に注意。

---

123. 街を案内してあげるよ。

I'll ▢ you ▢ the city.

---

124. 彼はいつも新しい車を自慢しようとする。

He ▢ tries to show ▢ his new car.

自慢する
＝show off

---

125. 彼女は料理の腕前を披露するのが好きです。

She loves to show ▢ her cooking ▢.

腕前＝クッキング●キ●

---

126. あなたの学校を案内してくれますか？

▢ you show me ▢ your school?

Can you~?
で「〜してもらえませんか？」

120. 彼は診察の予約に現れました。

He showed up for his doctor's appointment.

---

121. 彼はパーティーに現れなかった。

He didn't show up to the party.

---

122. 彼女の感情が表に出始めていました。

Her emotions were starting to show through.

---

123. 街を案内してあげるよ。

I'll show you around the city.

---

124. 彼はいつも新しい車を自慢しようとする。

He always tries to show off his new car.

---

125. 彼女は料理の腕前を披露するのが好きです。

She loves to show off her cooking skills.

---

126. あなたの学校を案内してくれますか?

Can you show me around your school?

Let's exercise · 19 Move

ヒント

127. 警察は人びとに前へ進むよう言いました。

The police ▢▢ the crowd to move ▢▢.

the crowd
＝群衆

128. 席を空けてもらえますか?

Can you move ▢▢▢ I can sit down?

席をあける、どく
＝move over

129. 会議は明日に前倒しされました。

The ▢▢▢ has been moved ▢ to tomorrow.

会議のことを
●●●●●グと
言いますね。

130. 次の話題に移りましょう。

Let's move ▢ to the next ▢▢.

話題は●●●ク
と言います。

131. いつ引っ越してくるんですか?

When are you moving ▢?

132. 彼は一生懸命働きマネージャーに昇進した。

He worked hard and ▢▢▢ to manager.

worked hard
＝一生懸命働く

133. 彼女は来週末に引っ越します。

She'll move ▢▢ next weekend.

引っ越し元から
「出る」

127. 警察は人びとに前へ進むよう言いました。

The police told the crowd to move along.

---

128. 席を空けてもらえますか？

Can you move over so I can sit down?

---

129. 会議は明日に前倒しされました。

The meeting has been moved up to tomorrow.

---

130. 次の話題に移りましょう。

Let's move on to the next topic.

---

131. いつ引っ越してくるんですか？

When are you moving in?

---

132. 彼は一生懸命働きマネージャーに昇進した。

He worked hard and moved up to manager.

---

133. 彼女は来週末に引っ越します。

She'll move out next weekend.

Let's exercise

20 Pick

134. いつも子供たちの後片付けをしている。

I always have to pick ⬛ ⬛ the kids.

〜の後片付けをする＝pick up after〜

---

135. 彼女は食べ物をつついているだけです。

She's just ⬛ ⬛ her food.

時制に注意しましょう。

---

136. どうしていつも彼をからかうんですか？

Why do you ⬛ pick ⬛ him?

いつも＝always、頻繁に＝oftenなどの言い方があります。

---

137. パーティー用のドレスを選ばないと。

I need to ⬛ out a dress ⬛ the party.

the partyの前には前置詞が入ります。

---

138. 7時に迎えに来てくれますか？

Can you pick ⬛ ⬛ at 7?

代名詞をどこに置くか注意！

---

139. 弟をいじめないで。

Don't pick ⬛ your little brother.

いじめる、からかう＝pick on

---

140. そのペンを拾ってくれますか？

Can you pick ⬛ that pen for me?

134. いつも子供たちの後片付けをしている。

   I always have to pick **up after** the kids.

---

135. 彼女は食べ物をつついているだけです。

   She's just **picking at** her food.

---

136. どうしていつも彼をからかうんですか?

   Why do you **always** pick **on** him?

---

137. パーティー用のドレスを選ばないと。

   I need to **pick** out a dress **for** the party.

---

138. 7時に迎えに来てくれますか?

   Can you pick **me up** at 7?

---

139. 弟をいじめないで。

   Don't pick **on** your little brother.

---

140. そのペンを拾ってくれますか?

   Can you pick **up** that pen for me?

PART 2

「状態の単語」で
覚えるフレーズ

このパートでは、英会話で最もよく使われる
「状態を表す単語」を20個紹介します。これ
らは、学校では「形容詞」と「副詞」と習い、
少し難しく感じられますが、使いこなせれば
とても便利な言葉ばかり。教科書には載っ
ていない、自然に使うコツを見ていきましょう。

Introduction

あなたらしさや
彩りを加える役目

　はじめに、日本語での会話をイメージしてみてください。男性は男性らしい、女性は女性らしい言葉選び、というものがありますね。子供と大人でも選ぶ言葉は違いますし、大人同士でもあなたと私は違うし、会社で話すときと友人同士の会話でも当然違います。では私たちはどうやって言葉を使い分けているのでしょう。どうすることによって、違いを出しているのでしょうか。

　例えば、「遅刻はいけない」という事柄を相手に伝えるときを考えてみましょう。「遅刻はするな」という言い方もあれば、「もう少し早く来てください」という伝え方もできます。

　私たちは、英語は「自分の考えをはっきり言う言語」だと考えがちです。しかし、自分の意見をはっきり伝えることは大事ではあるものの、伝える相手が気分を害するような言い方をしてはいけないのは、日本語も英語も同じです。そして「英語に敬語はない」と思われがちですが、決してそんなことはなく、英語でも丁寧な伝え方や柔らかい表現をすることができます。

「丁寧に伝える」ということの中には、ニュアンスを表現するということも含まれ、そんなときに副詞や形容詞はとても便利に

使えます。

　副詞は、動詞または文全体に対して「どのように」「どこで」などの情報を与えます。例えば、QuicklyやReally、Alwaysなどは、皆さんにとってもお馴染みの単語だと思います。副詞はフレーズの中での位置や場面によって意味が変わることもあり、文脈に応じた使い分けが重要です。

　形容詞は言葉のとおり、名詞などを形容するための役割があります。例えば、OkayやGood、そしてWeirdやStrangeなどがあります。形容詞も状況や場面によって、ニュアンスが変わることもあります。形容詞攻略の秘訣は、使いすぎないことです。日本人が形容詞を使ってしまうところを、ネイティブはしばしば動詞を使って表現します。

　例えば「私は英語の先生をしています」と言いたいとき、あなたはどんなふうに表現するでしょうか？

　I'm an English teacher. だとしたら、もちろん正解ではあるのですが、ネイティブらしい表現とはいえません。ではどうすればネイティブらしくなるのか、形容詞や副詞をどう使えばナチュラルな表現になるのかを次のページから見ていきましょう。

21 Okay/OK

コアイメージ

悪くはないけど、良くもない。まあまあ。

すでに和製英語にもなっている「オーケー」は日本だと肯定的な意味合いが強いのが特徴です。しかし英語のOkayには同意や確認のほかに「まあまあ、悪くはないけどね」といったネガティブなニュアンスを含む場合もあります。日本で知られている「まあまあ」にはSo-soという言い回しがありますが、こちらはネイティブスピーカーの間では使われない表現で、代わりにOkayを使っているイメージです。

使い方 1 👉 同意・承諾

何かに同意する、または了承する。

Ⓐ: Can we meet at 3 PM?

3時に会える?

Ⓑ: Okay, that works for me.

わかった、それでいいよ。

> Work=「働く」だけではありません。

使い方 2

👉 状態が悪くはない

悪くはないが、決して良いとは言えない。

🅐 : How are you feeling?

調子はどう?

🅑 : I'm **okay**, thanks.

大丈夫だよ、ありがとう。

> Thanks.やThank you.などを付け加えることは大切です。

使い方 3

👉 譲歩・妥協

希望通りではないが、了承できる。

🅐 : I can't make it at 5, but how about 6?

5時は無理だけど、6時はどう?

🅑 : **Okay**, 6 works.

それでいいよ、6時ね。

22 Interesting

注意や興味をそそられる。

Interesting＝「面白い」と覚えている人も多いワードですが、実はネイティブスピーカーが日常会話で使うInterestingは、文脈やトーンによってニュアンスが大きく変わります。日本語の「面白い＝ひょうきん」に近いのはFunnyです。また、Oh, that's interesting...（ああ、そうなんだ……）のように、無難かつあいまいな反応をするときにも使われます。

使い方 1 👉 ポジティブな興味

本当に面白いと思っているとき。

Ⓐ: **There's a new art exhibit in Marunouchi.**
丸の内で新しい展覧会があるんだ。

Ⓑ: **Really? That sounds interesting!**
本当に？ 面白そうだね！

使い方 2 👉 無難な相づち

微妙な話題に無難な対応をしたいとき。

🅐：My friend collects bugs as a hobby.

友達が趣味で虫を集めてるんだ。

🅑：Oh... interesting.

へえ……面白いね(意外だな)。

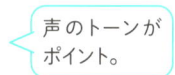
声のトーンがポイント。

使い方 3 👉 皮肉や疑念

疑わしいことへの皮肉を込めた反応。

🅐：I think I'll try running a marathon.

マラソンに挑戦しようと思ってるんだ。

🅑：Interesting. Are you sure you're up for it?

面白いこと言うね。本当にできるの?

23 Weird

コアイメージ

「変なの」という日本語にぴったり。

Weirdは、「普通とは違う」「奇妙な」「変な」といった意味の形容詞です。日常会話で、人や物、状況がいつもと違っている場合などにWeirdと表現しますが、少し否定的なニュアンスが含まれることも多いです。Strangeと言い換えることもできますが、Weirdのほうがより「変なの」という日本語にマッチする、日常らしい言葉と言えます。

使い方1 ☞ 不快感や違和感

違和感を持ち、なんとなく嫌だなと感じる。

Ⓐ: This soup tastes a bit off.

このスープ、なんか変な味するね。

Ⓑ: Yeah, it's kind of weird. Maybe it's old?

うん、ちょっと変だね。古いのかな？

> kind of（ちょっと）を加えて、表現を柔らかく。

 奇妙さや違和感

使い方 2

いつもと違うことへの不自然な感覚。

A: I thought I left my keys here, but they're gone.

鍵をここに置いたと思ったけど、なくなってるんだよね。

B: That's <mark>weird</mark>. They couldn't have disappeared by themselves.

それ変だね。勝手になくなるはずないし。

 冗談めかした驚き

使い方 3

予想外の行動を面白がる。

A: My cat loves to sit in the fridge whenever I open it.

うちの猫、冷蔵庫開けると必ず中に座りたがるんだ。

B: That's so <mark>weird</mark>! Guess he loves the cold.

それめっちゃ変だね！ 寒いのが好きなのかもね。

24 Bad

コアイメージ

「悪い」だけでなく、(場面によって)謝罪の意味に。

Badは、みなさんが知っているとおり、「良くない」「悪い」という意味の形容詞で、品質、状況、行動が理想と違う場合に使います。日常会話では、不快な気持ち、良くない状況を表すとき、または謝罪としても使われます。口語的な表現ですが、I feel bad.(悪いと思ってます)やMy bad.(ごめん)は定番の言い回しです。

> **使い方 1** 👉 質や状態が悪い
>
> **品質や状況が悪いとき。**

🅐: **How was the test?**

テストどうだった?

🅑: **It was pretty bad. I think I failed.**

かなり悪かったよ。落ちたと思う。

使い方 2

 うまくできない事柄

得意でないこと、成功できないこと。

A: I'm very bad at cooking.

私、料理がすごく苦手なんだ。

B: Don't worry, I'll cook dinner for you!

大丈夫、私が夕食作ってあげるから!

使い方 3

 口語的な謝罪

ちょっとしたミスへの謝罪の気持ち。

A: You left the lights on all night.

電気を一晩中つけっぱなしだったよ。

B: Oh, my bad. I didn't realize it. I'll turn them off now.

あ、ごめん。気づかなかった。今すぐ消すね。

25 Happy

幸せと喜びに満ちた心の状態。

Happyは、「嬉しい」「満足した」「幸せな」といった意味の形容詞で、気分が良く、心が満たされているときに使います。よく知られているように、喜びや感謝を表現する言葉です。例えば、I'm so happy right now.（今すごく幸せです）のような幸福を伝える際や、I'm happy to hear that.（それを聞けて良かった）のようにカジュアルな喜びを伝える場面で使います。

使い方 1 👉 協力・同意

何かを快く受け入れる。

🅰: **Could you help me with this project next week?**

来週このプロジェクト手伝ってもらえない？

🅱: **Of course! I'd be happy to help you out.**

もちろん！ 喜んで手伝うよ。

 使い方 **2**

👉 満足感・安心感

今の状況に満足している。

A: How's the new apartment? Are you settling in?

新しいアパートどう? 慣れてきた?

B: Yes, I'm really **happy** with it. It's cozy and has everything I need.

うん、すごく満足してるよ。居心地が良くて必要なものも揃ってるし。

 使い方 **3**

👉 心のつながり・共感

相手の幸せを祝う気持ち。

A: **Happy** Birthday, Ana!

お誕生日おめでとう、アナ!

B: Thanks! And thanks for coming to my party, too.

ありがとう! それと、パーティーに来てくれてありがとう。

26 Right

道理にかなっている、適切な状態。

Rightは、「正しい」「そのとおり」「今まさに」などさまざまな意味で使われています。同意、確認、タイミングや強調など多彩なニュアンスがありますが、会話ではThat's right.(そのとおり)のように、相手の発言に同意したり確認したりすることが多いです。また、Right here(ちょうどここ)やRight now(今すぐ)のように、「ちょうど」と強調するときにも使われます。

使い方 1　☞ 確認・同意

相手に同意を示す。

🅐: **So, we're meeting at 6 PM, right?**

じゃあ、6時に会うってことでいいよね?

🅑: **Right, I'll see you then.**

そうだね、じゃあまた後で。

使い方 **2**

 すぐに・ちょうど

....

場所・時間・状態が正確に一致する。

Ⓐ: I'll get started on this right now.

これ、今すぐ始めるね。

Ⓑ: Perfect! That's exactly what we need.

いいね！ それがまさに必要なことだよ。

使い方 **3**

 強調

....

特定の場所や状況を強調する。

Ⓐ: Where are you now?

今どこにいる？

Ⓑ: I'm right outside your place.

ちょうど君の家の外にいるよ。

27 Wrong

コアイメージ

間違っている、正しくない。

Wrongは、物事が正しくないときや期待から外れている場合、体調が悪いときなどに使われます。よく聞く表現といえば、例えば、What's wrong?（どうしたの？）ですね。いつもと様子が違う友人に対してなど、気遣いをしつつ、コミュニケーションを始めることができます。

使い方 1　☞ 単純な間違い

正しくないことを伝える。

A: I think it's a right turn here.

ここ右に曲がるんじゃないかな。

B: No, you're wrong. It's a left turn.

いや、それは違うよ。左に曲がるんだよ。

使い方
2

何かしらの違和感

「普段と違う」ことに対する好奇心。

Ⓐ: What's wrong with you today?

今日どうかしたの?

Ⓑ: Nothing.

なんでもないよ。

日本語の
「なんでもない」の
ニュアンスと近い。

使い方
3

間違った行動

誤ってミスをすること。

Ⓐ: I thought you'd done this correctly.

君ならきっとうまくやると思っていたのにね。

Ⓑ: Yeah, I just can't understand where I went wrong.

ほんとに、どこで間違えてしまったのかわかりません。

28 Some

曖昧だけれど、存在している。

Someは「いくつかの」「ある程度の」という「存在」のイメージが基本です。例えば、I have some ideas.（いくつかアイデアがある）のように、具体的な数は明かさないけれど、確実に持っていることを表します。Someは相手に確実に「ある」「存在する」ことを伝えつつ、多少の柔らかさや強調を加える表現です。また、SomeはWater（水）のように数えられないものにも、Balls（ボール）のように数えられるものにも使うことができます。

使い方 1 ☞ 何かの一部

いくつか、または少しある。

Ⓐ: I'm stuck on how to start my presentation.
プレゼンの始め方で行き詰まってるんだよね。

Ⓑ: I have some ideas. Want me to share them?
いくつかアイデアあるよ。話してみようか？

使い方 2

☞ 含ませた言い方

大きな数や量であることをやんわり伝える。

A : Let's get in touch.

連絡をとりましょうね。

B : Sure, but it'll be **some** time before we meet again.

もちろん、でもなかなか会えないだろうけどね。

使い方 3

☞ 特定の誰か、何か

特定の人や物についてだが、明言しない。

A : Why doesn't the door open?

どうしてドアが開かないんだ?

B : **Some** idiot's locked the door!

どこかの誰かがドアをロックしたんだ!

idiot=バカ者、愚か者 など。

PART 2

「状態の単語」で覚えるフレーズ

29 Any

どれでも、なんでも、どんなものでも。

Anyは「どれでも・どんなものでも」という不特定の範囲を指します。ここから、「少しでも」「1つでもいいから」というニュアンスが生まれ、よく耳にする疑問や否定の表現になりました。

Do you have any questions?（何か質問はありますか？）は、1つでもたくさんでも構わないというニュアンスです。また、I don't have any money.（お金がまったくない）のような、否定文では「1つもない」と強調する役割です。

使い方 **1** ☞ 疑問文での何か、いくつか

どんなものでも、何かあるかを尋ねる。

Ⓐ: Do you have any plans this weekend?

今週末、何か予定ある？

Ⓑ: Yeah, actually, I'm pretty booked.

うん、実は結構予定が詰まってるんだ。

使い方 **2**

☞ 否定文での強調

まったく、1つもない。

A: Hey, can you help me?

ねえ、ちょっと手伝ってくれない?

B: I don't have **any** time right now. I'm running late.

今はちょっと時間がない。遅れそうなんだ。

使い方 **3**

☞ ニュートラルな選択

どんなものでも良いという意味。

A: Which of these cakes may I eat?

どのケーキを食べていいの?

B: **Any!**

どれでも食べていいよ!

30 Sorry

コアイメージ

申し訳なく思う、残念に感じる。

Sorryは「申し訳ない」「気の毒に思う」という感情を表す表現で、相手に対する配慮や共感を示す定番のワードです。「迷惑をかけた」という後悔の気持ちや、「同情する」という思いやりの気持ちが込められています。日本ではI'm sorry.=「ごめんなさい」という謝罪の言葉として知られていますが、使い方はそれだけに限りません。例えば、悲しい出来事や残念な話を聞いたとき、I'm sorry to hear that.（それは残念だね）のような言い方があります。

使い方 1　☞ 謝罪

相手に迷惑をかけたときの後悔。

🅐: **I'm sorry I'm late. The traffic was terrible.**

遅れてごめん。渋滞がひどくて。

🅑: **No worries, I just got here myself.**

大丈夫だよ、私も今着いたところだから。

👉 同情

使い方 2

悲しい出来事などに対しての共感。

A : My grandmother passed away last week.

先週、おばあちゃんが亡くなったんだ。

B : I'm sorry to hear that. She was such a wonderful person.

それは残念だね。本当に素敵な方だったのに。

👉 気遣い

使い方 3

断るとき、言いにくいことを伝える。

A : I don't know why it doesn't work well.

これ、どうしてうまく動かないんだろう。

B : I'm sorry, but I think you've made a mistake.

悪いけど、あなたが間違ったんだと思うよ。

31 Pretty

コアイメージ

かなり、しかし極端ではない強調。

Prettyは「かなり」「結構」のように、強調を表現する言葉です。例えば、Pretty good（かなり良い）やPretty sure（結構確信している）のようになります。強調はしているものの極端ではない、ほどほどといったニュアンスです。一般的に、ネイティブスピーカーはカジュアルな会話で使うことが多いです。

使い方 1 　👉 控えめな肯定

強調しつつも、完全には肯定していない。

A : How's the pasta here? I've never tried it.
ここのパスタどう？ 食べたことないんだ。

B : It's pretty good. Not the best I've had, but definitely worth trying.
かなり美味しいよ。最高ってわけじゃないけど、試す価値はあるよ。

使い方 2

👉 かなりの程度

自分の確信度を強く伝える。

Ⓐ: Do you think it'll rain tomorrow?

明日、雨降ると思う?

Ⓑ: I'm pretty sure it won't. The forecast said clear skies.

きっと降らないと思うよ。天気予報で晴れって言ってたし。

使い方 3

👉 ほとんどすべて

大きな割合を占めている。

Ⓐ: When can we get the tickets?

チケットはいつ買えるんだろう?

Ⓑ: Unfortunately, the tickets sold pretty much straight away.

残念ながら、チケットはあっという間に売れてしまったよ。

32 Really

物事が確かであるという感覚。

Reallyは、「物事が確かであるのか」、「信じられるかどうか」の確認、または何かを強調したいときに使われます。いちばん知られているのは相づちとして、驚きや興味を表現するReally?（本当に?）ですね。肯定文では「とても」「実際に」という強調の意味で、ネイティブスピーカーは日常会話で頻繁に使用します。

使い方 **1**　☞ 強調

感情などをより力強く表現する。

Ⓐ: You look really tired. Are you okay?

すごく疲れてるみたい。大丈夫?

Ⓑ: Yeah, I'm just really tired from work today.

うん、ただ今日は仕事ですごく疲れただけだよ。

使い方
2

☞ 感嘆の表現

興味や不快感などを表す。

A: Mariko and I are getting married.

まりこと結婚するんです。

B: **Really**? When?

本当? いつ?

使い方
3

☞ 本当のこと、事実

想像ではなく、事実を伝える。

A: Is Ken **really** angry?

ケンは本気で怒っているの?

B: No, he isn't, he's just pretending.

いや、怒ってない、ただ怒っているふりをしているんだよ。

pretend=ふりをする

33 Just

コアイメージ

まさに、しっくりくる感覚。

Justは「ぴったり」「ちょうど」というイメージが基本です。ここから、具体的な時間や場所を示すときの「まさに今」や、何かを強調する「すごく」「ただちょっと」などに派生しました。例えば、I just got here.（ちょうど今着いたところ）、It's just too expensive.（ただちょっと高いよね）のように、Justがなくても文自体は成り立ちますが、あるとないとでは少しニュアンスが違ってくるのがJustです。

使い方 1　👉 まさに今

時間やタイミングにおいて、ちょうど今。

🅐: **When did you arrive at the station?**

いつ駅に着いたの?

🅑: **I just got here.**

たった今、着いたところだよ。

使い方 **2**

 限定的

数量や程度が限定されている。

A: Would you like another drink?

もう1杯どうですか?

B: OK, just one more.

じゃあ、もう1杯だけ。

使い方 **3**

 強調

何かを強調したいとき。

A: You look happy.

> look+形容詞で「〜のように見える」

なんか嬉しそうだね。

B: Yeah, I just love this song! It's so fun.

うん、ほんとにこの曲大好き! すごく楽しいよね。

34 Never

単なる否定ではなく、断固とした強い否定。

Neverのイメージは、Notのような単なる否定ではなく、断固とした意思を持った否定です。この強い否定の意味から、「一度も〜しない」「絶対にしない」という意味が生まれています。Never自身に否定の意味が含まれているので、Notは一緒に使いません。I would never do that!（絶対にそんなことしないよ！）のようになります。

使い方
1

☞ まったくない

一度も、まったく経験がない。

🅐: Have you been to Japan?

日本に行ったことがありますか？

🅑: No, I've never been there.

いいえ、一度もありません。

使い方 **2**

☞ 拒否、受け入れないこと

交渉の余地はないことを伝える。

A: That dessert looks so good! Can I have just one bite?

そのデザート美味しそう! 一口だけもらっていい?

B: **Never**! It's all mine!

絶対ダメ! これは全部僕のだよ!

使い方 **3**

☞ 定番の気遣い表現

まったく気にすることはないと伝える。

A: I'm sorry I lost that pen you gave me.

もらったペンを失くしてしまって、ごめんなさい。

B: **Never** mind, I can easily buy you another one.

気にしないで。すぐに別のペンを買ってあげる。

Don't worry（心配しないで）も同様に使います。

35 Almost

コアイメージ

あとほんのもう少し、でも到達していない。

Almostは、あともう少しで達成される状況を表します。「ほとんど」と訳されることが多いため、Muchの最上級、Most（大部分、多く）と混同されがちです。

Almostは副詞なので、動詞と形容詞を修飾します。Most Japanese（多くの日本人）をAlmost Japaneseと言い換えることはできませんので注意してください。

使い方 1 👉 ほぼ・だいたい

「90％くらい」完成している。

A: Did you finish the project?

プロジェクト終わった？

B: I've almost finished with the project... I just have a little bit left.

ほとんど終わったけど……少しだけやることが残ってるんだ。

使い方 **2**

 危うく・もう少しで

結果が目前にある。

A: What happened? I heard a loud sound.

どうしたの？ 大きな音が聞こえたけど。

B: I **almost** fell down the stairs!

階段でもう少しで転ぶところだったんだ！

使い方 **3**

 ほぼ完全に

ほぼそうだが、完全ではない。

A: Do you want a piece of cake?

「簡単だよ」という意味の慣用句としても使います。

ケーキ食べる？

B: No, thanks. I **almost** never eat sweets.

いや、いらない。甘いものはほとんど食べないんだ。

36 Still

コアイメージ

時間や状況が進んでも、動かない。

Stillのイメージは、「変わらない継続」です。これは、時間や状況が進んでいるのに、ある特定の状態がそのまま続いているということを表します。変化が予期されるタイミングで使われることが多く、「それでも変わらずに〜している」や「まだ〜している」というニュアンスになります。「動かない」という意味から派生して、Still water（炭酸なし水）のような形容詞としても使われます。

使い方
1

☞ 継続・未完了

状態や動作が続いている。

Ⓐ: Are you still working on that project?

まだそのプロジェクトやってるの？

Ⓑ: Yeah, it's taking longer than I thought.

うん、思ったより時間かかってるんだ。

使い方 2

👉 依然として

予想外の結果を表す。

A: It's **still** raining? I wanted to go for a walk.

まだ雨降ってるの? 散歩に行きたかったのに。

B: Maybe you can go once it clears up a bit.

もう少し晴れたら行けるかもね。

> この場合は「晴れる」という意味。

使い方 3

👉 さらに多い・予想以上

もっと、それよりもというニュアンス。

A: Oh, it's a beautiful snow world!

わー、雪化粧がきれい!

B: **Still** more snow fell overnight.

一晩中ずっと降り続いたからね。

37 Little

コアイメージ

少ない、わずか、ほんの少し。

Littleのイメージは「少し」「わずか」です。この「少し」という感覚から、数量が少ないこと、小さいこと、若いこと、重要でないことなどの意味が派生しました。また、量を表現する場合、a little＝「少しある」、little＝「ほとんどない」と、aのあるなしで意味が変わってきます。

使い方 1 ☞ 少量・少し

少ししかない。

Ⓐ: I wanted to rest, but I had little time.

休みたかったけど、時間がほとんどなかったんだ。

Ⓑ: That's too bad. A little break would've helped.

それは残念だね。少しでも休憩できたらよかったのに。

 使い方 **2**

☞ 小さい・若い

小さくて可愛らしい。

A: Look at my <mark>little</mark> brother in this photo.

この写真の弟見て。

B: So cute!

かわいいね！

> 赤ちゃんや子供には adorableもよく 使います。

 使い方 **3**

☞ 深刻でないこと

気に留めるほどではない。

A: What happened?

何かあったの？

B: I had a <mark>little</mark> problem with my car, but it's been fixed now.

車にちょっとした問題があったんだけど、もう大丈夫。

38 Even

上乗せして平らにする、ギャップを埋める。

Evenのイメージは、「差に注目して上乗せし、平らにする」です。実際に
どんな日本語に訳すのが最適なのかは、その使い方と状況によります。
どの用例でも何かと比較していたり、何かとの差に注目していたりする
ニュアンスがあることに注目しましょう。

使い方
1

☞ 強調・驚き

意外なことや驚きを強調する。

Ⓐ: I can't believe it! Even he passed the test!

信じられない！ 彼ですらテストに合格したよ！

Ⓑ: Really? I thought he'd struggle with it.

本当に？ 彼には難しいかと思ったのに。

使い方 **2**

☞ 対等・均等

差に注目し、均等にする。

🅐：You bought us coffee yesterday, so I want to buy us lunch today.

昨日コーヒーをおごってくれたから、今日はランチをごちそうさせて。

🅑：Okay, that makes us <u>even</u>!

わかった、じゃあこれでチャラだね！

使い方 **3**

☞ それにもかかわらず

何かと何かのギャップを埋める。

🅐：<u>I had a terrible headache, but **even** so I went to the concert.</u>

ひどい頭痛がしたけど、それでもコンサートに行ったよ。

🅑：Really?

ほんとに？

39 Exactly

ズバリ、完全に一致する感覚。

Exactlyのイメージは「まさにそのとおり」や「ぴったり」という完全な確信です。相手の発言や考えに完全に同意するとき、何かが正確で間違いないことを示すときなどに使います。また、発言を強調する役割もあり、日本語で言う「まさに」と同じニュアンスです。

使い方 1 👉 強い同意

「そのとおり」という感覚。

Ⓐ: I think we should leave early to avoid traffic.

渋滞を避けるために早く出たほうがいいと思うんだ。

Ⓑ: **Exactly.** I was just about to say that, too!

そのとおり。まさにそれを言おうとしてたところだよ!

使い方
2

👉 具体的な一致

ピッタリと・正確に。

A: What time does the movie start?

映画は何時に始まるの？

B: It starts exactly at 7:00 PM, so don't be late.

7時ちょうどに始まるから、遅れないでね。

使い方
3

👉 控えめな否定

やんわりと婉曲的に否定する。

A: I heard Sarah ran a marathon last weekend.

サラが先週末にマラソンを走ったって聞いたよ。

B: I was surprised! She isn't exactly athletic.

驚いた！ 彼女は必ずしも運動神経が良いとは言えないから。

40 Too

（さらにその上に）追加、強調。

Tooのイメージは「さらにその上に」です。必要な量よりも多いことを表すほか、同意や賛成を示す場合にも使います。例えば、Me too!（私も！）のように相手の意見に完全に同意を示すとき、Too hot.（暑すぎる）のように、限度を超えている場合にも使われます。同じような意味のAlso、As wellよりも、Tooのほうがカジュアルなニュアンスです。

使い方 1 ☞ 同意・賛成

相手や他の何かに共感する。

A : I like coffee.

コーヒーが好きなんだ。

B : I like coffee, too!

私も好き！

使い方 2 　☞ 過剰な状態

必要以上・程度が大きすぎる。

🅐：It's too hot to go outside.

外に出るには暑すぎるよ。

🅑：Yeah, let's just stay inside and relax.

うん、今日は中でのんびりしよう。

> 強調の意味合いのjust。

使い方 3 　☞ 強調の否定文

あまり〜ではない、そんなに〜ではない。

🅐：How is your mother?

お母さんは元気?

🅑：Well, she hasn't been too well recently.

実は、最近あんまり調子が良くないんです。

143

ちょっとひと息

英語力ナンバーワンのオランダ

みなさんは「英語能力指数ランキング」を知っていますか？ 「EF 英語能力指数」とも呼ばれているもので、英語を母語としない国や地域において英語力を測定し、順位を発表するものです。

日本は残念ながら毎年下位に甘んじているのですが、1位の常連がヨーロッパにある小さな国、オランダです。オランダ、といえばみなさんは何を思い浮かべるでしょう？ チューリップ、フェルメール、ゴッホなど。しかし、オランダ人が語学の達人だということを知っている人は少ないかもしれません。

オランダの英語力の高さは、現地を訪れると痛感します。観光スポットだけでなく街中のほとんどの場所で、英語で会話ができます。レストランのウェイター、スーパーの店員、さらには道端で犬を散歩させている人までが流暢な英語で話してくれます。こうした経験をすると、「なぜ彼らはこんなに英語が上手なの？」と疑問に思いますよね。

「英語は映画やドラマで覚えた」というオランダ人たち

オランダ人に「なぜ英語がそんなに上手なの？」と尋ねると、多くの人がこう答えます。「子どもの頃から英語のドラマや映画を見て

自然に覚えたよ」と。オランダではテレビや映画が基本的に字幕付きで放送されるため、幼い頃から英語の音声に触れる環境が整っています。そのために、知らず知らずに英語の力が身についたと彼らは認識しているようです。

　日本と同じように、学校でも英語を学習しますが、その教育のおかげだと答える人には会ったことがありません。さらにオランダでは英語が生活の一部として存在していることも大きいでしょう。彼らは、テストのための英語ではなく、「使う英語」が身についているのです。

日本人も同じ方法で英語を学べる？

　一方、日本では同じように英語のドラマや映画を見ても、なぜか英語を「使える」ようになる人は多くありません。

　理由のひとつは、字幕の使い方にあると言われています。日本語字幕は意訳が多いため、音声としての英語を、英語のままで理解する力が育ちにくいのです。

　さらに、ニュースなどで挿入される英語のインタビューは日本語の吹き替えになっていることも多く、英語に触れるせっかくのチャンスをみすみす失っています。そもそも日常で「英語を使う機会」がほとんどない環境というのも大きな原因でしょう。

オランダ人と話すときのちょっとした困惑

　もうひとつ、英語がどれだけオランダにとって身近なものなのかを知る、ちょっとしたエピソードを紹介します。

オランダ人に「英語で話してもらえますか?」とお願いすると、彼らは「もちろん!」と笑顔で快諾してくれます。しかし、話が進むうちに、気がつくと途中でオランダ語が混ざってくることが、しばしばあります。

| 私 | Could you tell me how to get to the train station? |

（電車の駅への行き方を教えていただけますか?）

| オランダ人 | Oh, sure! You just go straight and then turn rechts. |

（ああ、もちろん! まっすぐ行って、それから rechts に曲がればいいんですよ。）

| 私 | Sorry, turn what? |

（すみません、どちらに曲がるって?）

| オランダ人 | Oh…? Sorry, I mean right! |

（ええと…? これは失礼、right って言いたかったんです!）

Rechts はオランダ語で「右」を意味します。こんな感じで英語とオランダ語がミックスされてしまうこともしばしば。最初は戸惑いますが、これも彼らにとって、英語が身近なものである証拠なのかもしれません。

それでは、PART2を
おさらいしましょう!

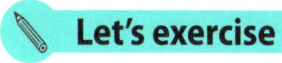 **Let's exercise**  **21** — **27**

PART 2 「状態の単語」で覚えるフレーズ

ヒント

1. 大丈夫だよ、ありがとう。

   I'm ___, thanks.

   何かを断るときにも使います。

---

2. 面白そうだね！

   That sounds ___!

---

3. うん、ちょっと変だね。

   Yeah, it's kind of ___.

   学校では習いませんが、日常でよく使う単語です。

---

4. 正直、料理はあんまりだったよ。

   ___, the food was pretty ___.

   To be honest, とも言い換え可能。

---

5. 喜んで手伝うよ。

   I'd be ___ to help you ___.

   happyの意味は「幸せ」だけではありません。

---

6. これ、今すぐ始めるね。

   I'll ___ started on this ___ now.

   「今すぐ、たった今」のときにはこの単語が欠かせません。

---

7. 今日どうかしたの？

   What's ___ with you today?

   元気がない人への質問。

---

8. ちょうど君の家の外にいるよ。

   I'm ___ outside your place.

147

1. 大丈夫だよ、ありがとう。

   I'm **okay**, thanks.

---

2. 面白そうだね！

   That sounds **interesting**!

---

3. うん、ちょっと変だね。

   Yeah, it's kind of **weird**.

---

4. 正直、料理はあんまりだったよ。

   Honestly, the food was pretty **bad**.

---

5. 喜んで手伝うよ。

   I'd be **happy** to help you **out**.

---

6. これ、今すぐ始めるね。

   I'll **get** started on this **right** now.

---

7. 今日どうかしたの？

   What's **wrong** with you today?

---

8. ちょうど君の家の外にいるよ。

   I'm **right** outside your place.

ヒント

9. もちろん、でもなかなか会えないだろうけどね。

Sure, but it'll be ▢▢▢ time before we meet again.

10. それは残念だね。

I'm ▢▢▢ to hear that.

> I'm sorry.は謝罪の意味だけではありません。

11. (最高ではないけど)かなり良いね。

It's ▢▢▢ good.

> prettyは「かわいい」だけではありません。

12. 本当に疲れた。

I'm ▢▢▢ tired.

> so、veryのように疲れを強調しています。

13. 今週末、何か予定ある？

Do you have ▢▢▢ plans this weekend?

> 何か、いくつかという意味。

14. そんなこと言ってないよ！

I ▢▢▢ said that!

> 「絶対に言ってない！」という強い否定です。

15. ほんとにこの曲大好き！

I ▢▢▢ love this song!

> really(本当に)を使って強調することも可能です。

16. 気にしないで。

▢▢▢ mind.

9. もちろん、でもなかなか会えないだろうけどね。

Sure, but it'll be some time before we meet again.

---

10. それは残念だね。

I'm sorry to hear that.

---

11. （最高ではないけど）かなり良いね。

It's pretty good.

---

12. 本当に疲れた。

I'm really tired.

---

13. 今週末、何か予定ある？

Do you have any plans this weekend?

---

14. そんなこと言ってないよ！

I never said that!

---

15. ほんとにこの曲大好き！

I just love this song!

---

16. 気にしないで。

Never mind.

PART 2 「状態の単語」で覚えるフレーズ

17. そのプロジェクトをほぼ終わらせた。

I've _____ finished with the project.

ヒント

「ほぼ、もうすぐ」の意味です。

18. まだ雨降ってるの?

It's _____ raining?

19. 時間がほとんどなかった。

I had _____ time.

「ほとんど〜ない」の意味です。

20. わかった、じゃあこれでチャラだね!

Okay, that makes us _____!

「イーブン」は日本語になっていますね。

21. そのとおり。

_____.

相づちを打つときの定番表現です。

22. ちょっとした秘密があるんだ。

I have _____ secret.

「ちょっと〜ある」の意味です。

23. 彼ですらテストに合格したよ!

_____ he passed the test!

24. 私もコーヒーが好き!

I like coffee, _____!

「私も」と同じ意見を続けるときに使います。

17. そのプロジェクトをほぼ終わらせた。

I've **almost** finished with the project.

18. まだ雨降ってるの？

It's **still** raining?

19. 時間がほとんどなかった。

I had **little** time.

20. わかった、じゃあこれでチャラだね！

Okay, that makes us **even**!

21. そのとおり。

Exactly.

22. ちょっとした秘密があるんだ。

I have **a little** secret.

23. 彼ですらテストに合格したよ！

Even he passed the test!

24. 私もコーヒーが好き！

I like coffee, **too**!

PART 3

「丸ごと覚える」定番フレーズ

英語の定番フレーズを覚えることは、英会話を身につけるための近道でもあります。シンプルでありながら、実用性が高く、日常のさまざまな場面で役立つフレーズを厳選しました。繰り返し練習することで、少しずつ自信を持って使えるようになるでしょう。

Introduction

瞬間的に口から飛び出す
定番フレーズ

「英会話で暗記をするのは効果がない」。そんな話を聞いたことがある人もいるかもしれません。では丸暗記は本当に意味がないのでしょうか?

　私は決してそんなことはないと思います。例えば、Thank you very much.（どうもありがとう）と言われたら、You're welcome.（どういたしまして）と反射的に言葉が出る人も多いでしょう。それはやはり、何度も目にしたり、口にしたりすることで覚えてしまっているからです。特に実際の会話ではレスポンスのスピードが大切なので、反射的に口から出てくるフレーズというのはとても役に立ちます。

　こういった定番フレーズの類いは他にもたくさんあります。慣用句のようなものから相づちまで、ネイティブも定番フレーズを日常会話の中でたくさん使っています。これらは、頭の中で文を構成したりせずに、丸ごと覚えて感覚的・反射的に使えるようにするのがキーポイントです。

　例えば、How's it going?（調子はどう?）は、友人や同僚などとのカジュアルな挨拶として使われる定番フレーズです。How are you? でももちろんかまいません。知り合いに会った

ときの最初の挨拶として自然に出てくるなら、そのフレーズはもう使いこなせていると言えます。

　定番フレーズは、文法などを意識せずに口にできるので、その後の会話をスムーズに進める役に立ちます。さらに何度も使って覚えることで、より柔軟な対応もできるようになります。

　ちょっとしたコツとしては、フレーズを覚えるときには、ただ暗記するだけでなく、実際の場面をイメージしながら練習することです。例えば、友人同士の会話を想定して、What's up?（最近どう？／元気？）と言い、Nothing much.（変わりないよ）と返す。このような感じで頭の中で会話をしてみると、より効果的です。

　定番フレーズを覚えることは、ナチュラルに会話をするための最初のステップとして、必要不可欠とも言えます。順番としては、場面をイメージしながらフレーズを覚える。その後、実際の会話に織り交ぜて使いながら、感覚として身につけるといいでしょう。日常生活の中で英語を話すチャンスがあれば、このパートで紹介するフレーズをぜひ試してみてください。きっと自信が持てるようになりますよ。

1 I was going to.

そのつもりだったの。

👍 こう使う！

A : Did you call Sarah about the meeting?
サラにミーティングのことを連絡した？

B : I was going to, but I forgot.
そのつもりだったけど、忘れちゃった。

ニュアンス

「そのつもりだった」「やろうと思ってた」
達成しなかった計画や意図を表現するフレーズです。言い訳や弁解で使われることも。

2 How's it going?

元気？

👍 こう使う！

A : Hey, how's it going?
やあ、元気？

B : Pretty good, thanks! How about you?
ありがとう、まあまあかな！ そっちは？

ニュアンス

「調子はどう？」「うまくいってる？」
カジュアルな挨拶。会話の入り口として気軽に使うことができます。友人や同僚との会話の始まりによく使われるフレーズです。

3 I'm not sure about that.

よくわからないよ。

 こう使う！

A: Do you think this color suits me?
この色、私に似合うと思う?

B: I'm not sure about that. Maybe try a lighter shade?
よくわからないよ。もっと明るい色を試してみたら?

ニュアンス

「よくわからないな」「ちょっと自信がない」

相手の提案や意見に対して、控えめに確信のなさを伝えます。自分の意見をすぐに決められないときなどに役立ちます。

PART3 「丸ごと覚える」定番フレーズ

4 You're up.

君の番だよ。

 こう使う！

A: Who's next to present?
次に発表するのは誰かしら?

名詞になると
presentation（プレゼンテーション）

B: You're up!
君の番だよ!

ニュアンス

「君の番だよ」「君が次だ」

何かをする順番が来たときに使うフレーズです。スポーツやゲームのように、順番に何かを行う状況でよく使います。

5 Let me know.

教えてね。

A: I'm not sure if I can join the party yet.

まだパーティーに参加できるかどうかわかりません。

B: That's okay. Just let me know when you decide.

大丈夫。決まったら教えてね。

ニュアンス

「教えてね」「知らせて」

相手から情報や意見をもらいたいときに使います。メールや会話の最後など、次のアクションを求めるときにも適しています。

6 It worked!

上手くいった！

A: Did the new software fix the problem?

新しいソフトで問題は解決した？

B: Yes, it worked! Everything's fine now.

うん、上手くいったよ！ すべて問題ないよ。

ニュアンス

「やった！」「成功した！」

何かを試してみて、成功したときに使う表現です。トーンにより喜びや驚き、達成感を強調することができます。

7 Relax.

落ち着いて。

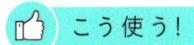 こう使う！

A: I forgot my lines during the presentation!
プレゼンでセリフを忘れちゃったの！

B: Relax. You'll do better next time.
落ち着いて。次はうまくいくよ。

ニュアンス

「心配しないで」「大丈夫だよ」

誰かが緊張したり、怒ったりしているとき、「リラックスして」や「落ち着いて」と優しく声をかける表現です。

8 What do you mean?

どういう意味？

こう使う！

A: We need to change the plan for tomorrow.
明日の計画を変える必要があるなあ。

B: What do you mean?
それってどういう意味？

ニュアンス

「どういう意味？」「それってどういうこと？」

相手の言ったことがわからなかったときや、もう少し詳しく説明してほしいときに使います。

9 Let's catch up.

近況を話し合おう。

👍 こう使う！

A：It's been so long since we last talked!
前回お話ししてからずいぶん経ちましたね！

B：I know, let's catch up soon!
そうですね、近いうちにまた話しましょう！

ニュアンス

「また会おうね」「近況を話し合おう」

久しぶりに友人と近況を話したいときや、再会を約束するときに使います。カジュアルにもビジネスにも使うことができます。

10 I've got to go.

もう行かなくちゃ。

👍 こう使う！

A：Are you staying for dessert?
デザートまで一緒にいられる？

B：I've got to go, but thanks for inviting me!
もう行かなきゃ、でも誘ってくれてありがとう！

ニュアンス

「もう行かなくちゃ」「そろそろ失礼します」

別れ際など、すぐにその場を離れたいときに使う表現です。急いでいるニュアンスを伝えつつも、柔らかい印象を与えます。

11 I don't think so.

そうは思わない。

👍 こう使う！

A: Do you think it will rain today?
今日、雨が降ると思う?

B: I don't think so. The sky looks clear.
思わないな。晴れてるからね。

ニュアンス

「そうは思わない」「違うと思う」

相手の意見に反対する、柔らかい表現です。しっかりと自分の意見を伝えることができる、控えめな否定表現です。

12 That sounds good.

いい考えだね。

👍 こう使う！

A: Let's have dinner at the Italian place tonight.
今夜はあのイタリアンのお店で夕食を食べようよ。

B: That sounds good! I've been craving pasta.
いいね! パスタが食べたかったんだ。

ニュアンス

「それいいね」「いい考えだね」

相手が提案した計画やアイデアに賛成するときに使います。Thatを省略して、Sounds good!のようにも言います。

13 It doesn't matter.

気にしなくていいよ。

A : Sorry, I forgot to bring your book.
ごめん、君の本を持ってくるの忘れちゃった。

B : It doesn't matter. You can bring it next time.
気にしなくていいよ。次回持ってきて。

ニュアンス

「気にしなくていいよ」「重要じゃない」

相手を安心させるとき、自分が気にしていないことを伝える表現です。その件が、たいした問題ではないことを伝えます。

14 It's no big deal.

大したことじゃないよ。

A : I'm so sorry I stepped on your foot!
足を踏んじゃって本当にごめんね！

B : It's no big deal. Don't worry about it.
大したことないよ。気にしないで。

ニュアンス

「大したことじゃないよ」「気にしないで」

相手が恐縮しているとき、または謝罪しているときに、気にしなくて大丈夫だということを伝えます。

15 Hang in there.

頑張って。

👍 こう使う！

A: This homework is so hard. I don't think I can finish it.
この課題めっちゃ難しいよ。終わらない気がする。

B: Hang in there. You're almost done!
頑張って。もう少しで終わるよ！

ニュアンス

「頑張って」「踏ん張って」

困難な状況にいる人や、くじけそうな人を元気づけるフレーズです。温かみがあり、シンプルに応援の気持ちを伝えます。

16 It's perfect!

完璧だ！

👍 こう使う！

A: Do you like the dress I bought for you?
私が買ったドレス、気に入った？

B: It's perfect! Thank you so much!
完璧！本当にありがとう！

ニュアンス

「すごい」「それでバッチリだよ」

何かが進んで、自分の期待以上の素晴らしい結果になったときに使う表現です。満足感や驚きを込めて言います。

17 I'm afraid so.

残念ながらそうだと思う。

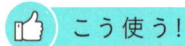 こう使う!

A: Did we miss the last bus?
私たち、最終バスに間に合わなかったのかな?

B: I'm afraid so.
残念ながらそうだと思う。

ニュアンス

「残念ながら」「悪いけど、そのとおりだ」

相手の質問や懸念に対して、残念ながらそのとおりだということを丁寧に伝える表現です。Yesよりも柔らかい印象です。

18 That's not what I meant.

そういう意味じゃないんだ。

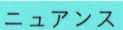 こう使う!

A: Are you saying I'm wrong?
私が間違ってるって言いたいの?

B: No, that's not what I meant.
いや、そういう意味じゃないんだ。

ニュアンス

「そういう意味ではなかった」

誤解を解くために、丁寧に自分の意図を修正する表現です。誤解されたとき、意図と違う解釈をされたときなどに使います。

19 Back off!

口出ししないで！

👍 こう使う！

A: You're not doing it right. Let me do it for you.
それ、やり方が違うよ。私がやるよ。

B: Back off! I can handle it myself.
口出ししないで！ 自分でできるから。

ニュアンス

「干渉しないで」「放っておいて」

距離を置いてほしいときに使う、少しきつめの表現です。状況によっては強すぎる印象になるので注意が必要です。

20 I'll get back to you.

後で連絡するよ。

👍 こう使う！

A: Can you let me know when you're free?
時間ができたら教えてくれる？

B: Sure, I'll get back to you later today.
わかった、今日中に連絡するよ。

ニュアンス

「また連絡します」「折り返すよ」

すぐに答えられない場合に使う表現です。「少し時間が欲しい」というニュアンスを丁寧に伝えることができます。

21 Give me a call.

電話してね。

 こう使う！

A: I'll check my schedule and let you know.
スケジュールを確認してから知らせるよ。

B: Sounds good. Give me a call later.
わかった。後で電話して。

ニュアンス

「気軽に連絡してね」「後で話そう」

「後で電話して」と、相手にお願いするときに使うカジュアルなフレーズです。約束や予定を確認するときなどに使われます。

22 You can still make it.

まだ間に合うよ。

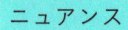 こう使う！

A: The train leaves in five minutes!
あと5分で電車が出ちゃう！

B: Don't worry. You can still make it.
大丈夫。まだ間に合うよ。

ニュアンス

「まだ遅くない」「急げばいけるよ」

相手が間に合うかどうか心配しているときに、励ます言葉。「まだ間に合うから頑張れ」というポジティブなメッセージを伝えます。

23 That makes sense.

なるほど。

 こう使う！

A: We should leave early to avoid traffic.
渋滞を避けるために早めに出たほうがいいよ。

B: That makes sense. Let's do that.
なるほどね。そうしよう。

ニュアンス

「理にかなっていますね」「わかります」

相手の意見や説明に納得できた場合に使います。日本語の「なるほど」や「納得」などに近いニュアンスです。

24 To be honest,

正直に言うと、

 こう使う！

A: Did you like the movie?
その映画、面白かった？

> Like=好き　という意味とは限りません。

B: To be honest, it wasn't my favorite.
正直に言うと、あまり好きじゃなかったかな。

ニュアンス

「実はこう思ってるんだ」「率直に言えば」

自分の本音や率直な意見を述べるときに使う表現です。「正直に言うと」と切り出すことで、相手に誠意を伝えます。

25 I see what you mean.

言いたいことはわかるよ。

A : This room feels too small for all the furniture.
この部屋、家具が多すぎて狭く感じるね。

B : I see what you mean.
言いたいことはわかるよ。

ニュアンス

「言いたいことはわかります」「理解できます」

完全に同意していないとしても、相手の言っていることを理解したいと、好意的な立場を示します。

26 I'll be there.

行くよ。

A : Are you coming to the party tonight?
今夜のパーティーに来る？

B : Of course, I'll be there!
もちろん、行くよ！

> thereの前に前置詞は不要。

ニュアンス

「そこに行くよ」「参加するよ」

相手の誘いや予定に応じるときに使います。気軽な約束をする場面で使われる表現です。

27 # Let's get started.

さあ、始めましょう。

👍 こう使う！

A: Are you ready for the meeting?
会議の準備はできてますか？

B: Yes, let's get started!
ええ、さあ始めましょう！

ニュアンス

「さあ、始めましょう」「スタートしましょう」

Let's start.が「急いで始めよう」なのに対し、Let's get started. は「準備もできたので、始めよう」というニュアンスです。

28 # Are you kidding me?

冗談でしょ？

👍 こう使う！

A: I just won the lottery!
宝くじが当たったんだ！

「当選する」はwinで表現。

B: Are you kidding me? That's amazing!
冗談でしょ？ すごいじゃない！

ニュアンス

「冗談でしょ？」「本気で言ってるの？」

冗談を言われたとき、驚いたときなどに使う表現です。No kidding!（冗談でしょ！）のような言い方もあります。

29 | I tossed and turned.

眠れなかったんだ。

こう使う！

A : You look tired. Did you sleep well?
疲れてるみたいだね。よく眠れたの？

B : No, I tossed and turned all night.
いや、一晩中眠れなかったんだ。

ニュアンス

「寝返りを打っていた」「眠れなかった」

toss and turn（寝返りを打つ）が直訳＝「よく眠れない」という意味になります。カジュアルな会話で使います。

30 | It's not a problem.

大丈夫だよ。

こう使う！

A : I'm so sorry for being late today!
今日遅れてごめんね！

B : Don't worry. It's not a problem.
気にしないで。大丈夫だよ。

ニュアンス

「問題ないよ」「大丈夫」

何かの依頼やお願いに対して、気軽に引き受けるとき、または「大した問題ではない」と相手を安心させたいときに使う表現です。

31 That's a good point.

確かにそうだね。

👍 こう使う！

A: Studying a little every day is better than cramming.
毎日少しずつ勉強するほうが、一夜漬けよりいいよ。

B: That's a good point.
確かにそうだね。

ニュアンス

「それはいい意見だね」「確かにそうだね」

議論や話し合いの中で、相手の意見に賛同するとき、その視点に気づかされたときなどに使います。

32 We'll see.

様子を見てみよう。

👍 こう使う！

A: Do you think it'll stop raining by evening?
夕方までに雨が止むと思う？

B: We'll see. I hope it clears up.
様子を見てみよう。晴れるといいね。

ニュアンス

「様子を見てみよう」「今はまだわからない」

断定を避けつつ柔軟に対応したいときや、今すぐ決められない件、結果を待つときなどに使う表現です。

33 I didn't catch that.

聞き取れなかった。

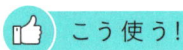 こう使う！

A: What time is the meeting tomorrow?
明日の会議は何時から？

B: Sorry, I didn't catch that. Can you say it again?
ごめん、聞き取れなかった。もう一度言ってくれる？

ニュアンス

「何と言いましたか？」「聞き逃しました」

相手の言ったことを聞き逃したとき、わからなかった場合に使います。「もう一度言ってくれますか？」も後ろに付け加えましょう。

34 It's a shame.

残念だよ。

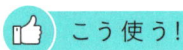 こう使う！

A: I didn't get the promotion I was hoping for.
昇進、期待してたけどダメだったんだ。

B: Oh no, it's a shame. You worked so hard for it.
ああ、それは残念だね。本当に頑張ってたのに。

ニュアンス

「それは残念だね」「惜しいね」

相手の失敗、または残念な出来事などに対して、共感や軽い慰めを表現します。shameは「恥」という意味だけではありません。

35 I'm good, thanks.

大丈夫、ありがとう。

👍 こう使う！

A: Would you like some more coffee?
コーヒーのおかわりいる？

B: I'm good, thanks. I've had enough.
大丈夫、ありがとう。もう十分。

ニュアンス

「大丈夫、ありがとう」「結構です」

何かを断るときなどに使われる表現で、I'm fine.も同様に使えます。How are you?への返答ではないひとつの例です。

36 How about you?

あなたはどう？

👍 こう使う！

A: I love hiking on weekends. How about you?
週末にハイキングするのが好きなんだ。君は？

B: I usually go cycling. It's really refreshing.
僕はサイクリングだな。本当に気持ちいいんだよ。

ニュアンス

「あなたの場合は？」「あなたのことも聞かせて」

自分がされた質問を、繰り返さずに相手に投げかけるフレーズです。会話を続けるための便利な表現です。

37 That's right.

そのとおり。

👍 こう使う！

A: The sun rises in the east, doesn't it?
太陽は東から昇るよね?

B: That's right.
そのとおり。

ニュアンス

「そのとおりです」「そうだね」

相手の発言を肯定するときに使います。相づちとしても使えるフレーズで、日本語の「だよね」のようなニュアンスです。

38 I'll handle it.

私がやるよ。

👍 こう使う！

A: The printer is jammed again.
またプリンターが詰まったよ。

B: Don't worry, I'll handle it.
心配しないでよ、僕がやるから。

ニュアンス

「私が対応します」「私が面倒を引き受ける」

責任を持って何かを引き受けるときに使います。自分が対処すると相手に示すことで、頼もしい印象を与えます。

39 It's not worth it.

そんな価値ないよ。

👍 こう使う！

A: Should I buy this expensive watch?
この高級時計を買うべきかな？

B: No, it's not worth it. Save your money.
いや、そんな価値ないよ。貯金したほうがいいよ。

ニュアンス

「価値がない」「もっと有意義なことがある」

努力や時間が無駄になると提言するときに使います。badの比較級worseと発音が混乱しやすいので注意。

40 Let's keep in touch.

連絡を取り合おうね。

👍 こう使う！

A: It was so nice catching up with you today.
今日は話せて本当に良かった。

B: Same here! Let's keep in touch.
こちらこそ！ 連絡を取り合おうね。

ニュアンス

「連絡を取り合おう」「コンタクトを続けよう」

遠くへ行ってしまう人、すぐに会う予定がない人と別れるとき、関係を続けたい相手に対して使う表現です。

175

41 What's going on?

どうしたの？

A : You seem upset. What's going on?

怒ってるみたいだね。どうしたの？

B : I just had a rough day at work.

仕事でちょっと大変な一日だったんだ。

ニュアンス

「何が起こっているの？」「どうしたの？」

親しい間柄で使うカジュアルな表現です。状況を尋ねるとき、相手の様子を確認するときに使います。

42 I'm begging you!

お願い！

A : Ah, I don't lend the car out on weekends.

うーん、週末は車を貸せないよ。

B : Please, I'm begging you!

お願い、頼むよ！

ニュアンス

「どうしてもお願い！」「どうか頼む！」

切実な頼みごとをするときに使う表現です。相手にどうしてもやってほしいことがある場合など、感情を込めて言います。

43 I don't mind.

全然構わないよ。

👍 こう使う！

A: Do you mind if we sit outside?
外の席でもいい？

B: No, I don't mind. It's actually a nice day.
うん、全然構わないよ。今日は天気もいいし。

ニュアンス

「気にしないよ」「構わないよ」

相手のリクエストや質問に対して、自分が特にこだわりがないことを表現するときに使える便利な表現です。

44 There you are!

いたいた！

👍 こう使う！

A: There you are! I was looking for you.
いたいた！ 捜してたんだよ。

B: Sorry, I was in the library.
ごめん、図書館にいたんだ。

ニュアンス

「いたいた！」「やっと見つけた！」

捜していた人や物を見つけたときに、喜びや安堵の気持ちを込めて使う表現です。また、物を渡すときに使われることもあります。

45 I'll figure it out.

自分で何とかするよ。

A : Do you need help fixing your computer?
パソコンの修理、手伝おうか？

B : No, thanks. I'll figure it out.
いや、大丈夫。自分で何とかするよ。

ニュアンス

「何とかするよ」「解決方法を見つけるよ」

相手に頼ることなく自分で解決したいという、問題に取り組む意志を表明するフレーズです。

46 Let's do it!

そうしよう！

👍 こう使う！

A : How about going to the beach this weekend?
今週末、ビーチに行かない？

B : Let's do it! That sounds fun.
いいね！ 楽しそう。

ニュアンス

「やってみよう」「そうしよう」「いいね」

相手の提案にポジティブに応える表現です。軽いノリで何かを始めたいときや、提案に賛成するときなどに使います。

47 Or what?

それとも？

👍 こう使う！

A: Are you coming with us? Or what?
君も一緒に来るの？ それともどうする？

B: Okay, okay, I'm coming!
わかった、わかった、行くよ！

ニュアンス

「それとも他に何かある？」「で、どうするの？」

相手の意見を確認するときや、少し挑戦的に「どうする？」と聞くときに使います。言い方次第で、やや強い響きになる場合も。

48 I don't get it.

わからないよ。

👍 こう使う！

A: This math problem is easy. Just follow the steps.
この数学の問題は簡単だ。手順に従えばいいんだ。

B: I don't get it. Can you explain it again?
わからない。もう一度説明してくれる？

ニュアンス

「わからない」「理解できない」

情報や状況が理解できないときに使うカジュアルな表現です。親しい間柄で、説明が必要なときや納得できないときに使います。

49 You never know.

何が起こるかわからないよ。

👍 こう使う！

A : Do you think she will say yes?
彼女、OKしてくれるかな?

B : You never know.
何が起こるかわからないよ。

ニュアンス

「何があるかわからない」「可能性はある」

ポジティブな意味でもネガティブな意味でも使われます。予想外のことが起こる可能性を強調したいときに使えるフレーズです。

50 This is unfair!

不公平だよ！

👍 こう使う！

A : Why does she get extra time for the test?
どうして彼女だけテストの時間が長いのかな?

B : True. This is unfair!
確かに。不公平だね!

ニュアンス

「これは不公平だ」「フェアじゃない」

状況やルールに納得がいかないときに使う表現です。不平や不満を表します。

51 That's impossible.

ありえないよ。

👍 こう使う！

A : I heard he ran 100 miles in one day!
彼は1日100マイル走ったって聞いたよ！

B : That's impossible. No one can do that.
ありえないよ。そんなこと誰もできないよ。

ニュアンス

「できるわけがない」「不可能だよ」

信じられないときや、現実的にありえないと感じたときに使います。驚きだけでなく、否定的な感情を含む場合もあります。

52 Do I know you?

どこかで会いましたっけ？

👍 こう使う！

A : Hi, it's been a while!
こんにちは、久しぶりだね！

B : Do I know you? You look familiar.
どこかで会いましたっけ？ 見覚えがある気がするんだけど。

ニュアンス

「あなたを知ってるかな？」「知り合いですか？」

顔や声に見覚えがあるけれど、誰かわからないときに使います。丁寧に言いたいフレーズです。

53 What's the plan?

計画はどうなってる？

A: So, what's the plan for tonight?
それで、今夜の予定は？

B: I was thinking we could grab dinner and watch TV.
夕食を食べて、テレビを見るのはどうかなと思ってるんだけど。

ニュアンス

「計画はどうなってるの？」「どうする予定？」

友人との会話で、次の行動の流れを確認したいときなどに使います。具体的な予定や次の行動を尋ねるフレーズです。

54 I couldn't resist.

我慢できなかったんだ。

👍 こう使う！

A: Did you eat the last piece of cake?
最後のケーキ食べたんだね？

B: I couldn't resist. It looked so good.
我慢できなかったんだ。すごく美味しそうだったから。

ニュアンス

「我慢できなかった」「抵抗しきれなかった」

衝動的に何かをしてしまったとき、美味しそうな食べ物などを食べてしまったときに使う表現です。

55 Let me think about it.

ちょっと考えさせて。

PART3 「丸ごと覚える」定番フレーズ

👍 こう使う!

A: Do you want to join our trip?
旅行、参加する?

B: Let me think about it. I'll tell you later.
ちょっと考えさせて。あとで連絡するね。

ニュアンス

「少し考えたい」「即決したくない」

すぐに答えたくないとき、断る可能性があるときにやんわりと保留できる表現です。

56 Can you help me out?

手伝ってもらえますか?

👍 こう使う!

A: Can you help me out with this heavy box?
この重い箱を持つの、手伝ってもらえる?

B: Of course! Where do you need it?
もちろん! どこに置けばいい?

ニュアンス

「手伝ってほしい」「手を貸してください」

help me outは問題を解決するのを助けてほしいという意味があり、単にhelp meと言うよりも、緊急性があります。

57 Let's take a break.

休憩しよう。

Ⓐ: We've been working for hours. Let's take a break.
もうずいぶん作業してるね。休憩しよう。

Ⓑ: Good idea. I need some rest.
そうしよう。休憩が必要だ。

ニュアンス

「休憩しよう」「一息つこう」

友人や同僚との会話で、休憩を提案するときに使います。職場でも家庭でも、気軽に使えるフレーズです。

58 I have to do something.

何とかしなきゃ。

👍 こう使う!

Ⓐ: Our team is losing badly.
うちのチーム、ボロボロに負けてるよ。

Ⓑ: I have to do something.
何とかしなきゃ。

ニュアンス

「動かなきゃ」「行動しよう」

困難な状況に直面したときに、「自分が行動を起こさなければならない」と責任感を表現するフレーズです。

59 It's your call.

あなたに任せるよ。

👍 こう使う！

A: Should we go out for dinner or stay home?
夕食は外食か家で食べるか、どっちがいい？

B: It's your call. I'm okay with either.
君に任せる。私はどっちでもいいよ。

ニュアンス

「あなた次第だよ」「決めるのはあなただよ」

相手に最終決定を委ねるときに使います。「どうするかはあなたが決めていいよ」というニュアンスです。

60 It's kind of expensive.

ちょっと高いよね。

👍 こう使う！

A: Do you want to buy this jacket?
このジャケット買うの？

B: It's kind of expensive. Maybe I'll wait for a sale.
ちょっと高いよね。セールまで待とうかな。

ニュアンス

「ちょっと高いよね」「少し値段が張るね」

高いけど、あまり強く言いたくないときに使う表現です。kind of（ちょっと、少し）を足すことで、柔らかいニュアンスになります。

61 Nothing.

何でもない。

👍 こう使う！

A : **What are you looking at?**

何見てるの？

> looking forになると「何を捜してるの？」という意味。

B : **Nothing, just daydreaming.**

何でもないよ、ちょっとぼーっとしてただけ。

ニュアンス

「気にしないで」「別に」

相手に対して「気にしなくていい」と伝えるシンプルなフレーズです。何かを隠している、含んだ印象になることもあります。

---

62 I'm in.

参加するよ。

👍 こう使う！

A : **We're planning a movie night today. Are you joining?**

今日、映画ナイトを計画してるんだけど、参加する？

B : **I'm in! What time?**

する！ 何時に集まる？

ニュアンス

「参加するよ」「賛成だよ」

直訳すると「私は入る」＝「仲間に入る」「話に乗る」の意味になります。I'm out.は反対の意味で「参加しない」です。

63 I'm running late.

遅れてるんだ。

🔼 こう使う！

A: Where are you? The meeting starts in 10 minutes.

どこにいるの？ ミーティングは10分後に始まるよ。

B: I'm running late, but I'll be there soon.

遅れてるんだけど、もうすぐ着くよ。

ニュアンス

「遅れてるんだ」「間に合わないかも」

予定の時刻に間に合いそうにないことを相手に伝えるフレーズです。軽く謝罪のニュアンスを含みます。

64 Come on in.

どうぞ入って。

🔼 こう使う！

A: May I come in?

入ってもいいですか？

B: Sure, come on in!

もちろん、どうぞ入って！

> come on inのほうが歓迎されている感覚があります。

ニュアンス

「遠慮せず入って」「さあ、どうぞ」

訪問者やゲストに対して、フレンドリーに「入っていいよ」と伝える表現です。カジュアルな場面でよく使われます。

65 I didn't see that coming.

そうくるとは思わなかった。

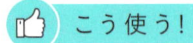こう使う！

A: Guess what? Sarah quit her job today!
知ってる？ サラが今日仕事を辞めたんだって！

B: Wow, I didn't see that coming.
えっ、そうくるとはね。

ニュアンス

「予想外だった」「まさか」

予想外の出来事や驚きの展開に対して使うフレーズです。「そんな展開になるなんて！」という驚きや感想を表現します。

---

66 I'd love to!

喜んで！

こう使う！

A: Would you like to join us for dinner tomorrow?
明日、一緒に夕食を食べない？

B: I'd love to! Thank you for inviting me.
ぜひ！ 誘ってくれてありがとう。

ニュアンス

「喜んで！」「ぜひやりたい！」

相手の提案や招待に対しての、ポジティブな返事です。「(誘ってくれて)とても嬉しい！」という気持ちを伝えます。

67 You look down today.

今日は元気ないね。

👍 こう使う！

A: You look down today. Are you feeling sick?
今日は元気ないね。体調悪い？

B: A little. I think I caught a cold.
ちょっとね。風邪引いたのかも。

> **ニュアンス**
>
> ### 「どうしたの？」「大丈夫？」
>
> 相手の様子や表情が普段と違って、落ち込んでいるように見える
> ときに使います。

68 Let's call it a day.

今日はここまでにしよう。

👍 こう使う！

A: We've done enough work. Let's call it a day.
もう十分働いたよ。今日はここまでにしよう。

B: Yeah, I agree. Let's finish here.
賛成。そうしましょう。

> **ニュアンス**
>
> ### 「今日はここまで」「終わりにしましょう」
>
> 1日の仕事や活動の終了を提案する表現です。仕事が一区切り
> ついたとき、「そろそろ帰りましょう」という意味で使われます。

69 Forget it.

気にしないで。

A : Did you want me to help with that?
手伝いましょうか？

B : No, forget it. I'll do it myself.
いや、気にしないで。自分でやるよ。

ニュアンス

「気にしないで」「忘れなよ」

話題を終わらせたいときや、相手に深く考えさせたくないときに使うフレーズです。軽く流したい場面でも使います。

70 It's about time!

やっとだね！

A : The train finally arrived!
やっと電車が来たよ！

B : It's about time! We've been waiting for 30 minutes.
やっとだね！ 30分も待ったよ。

ニュアンス

「やっとだね」「いい加減にしてほしい」

待ちかねていた何かがようやく起こったときに使う表現です。ちょっと皮肉が混じったニュアンスにもなります。

71 That's for sure.

確かにね。

👍 こう使う！

A : It's really hot today!
今日、本当に暑いね！

B : That's for sure. I'm sweating just standing here.
確かにね。立ってるだけで汗が出るよ。

ニュアンス

「それは間違いないね」「確かに」

相手の意見や状況に同意するフレーズです。強い同意を表現します。Exactly.（確かに）も似た表現です。

72 Me neither.

同じく。

👍 こう使う！

A : I don't like cold weather.
寒い天気は好きじゃないな。

B : Me neither.
同じく。

ニュアンス

「私もしない」「同じくいやだ」

「〜ではない」と言ったことに対しての同意の表現です。肯定文の同意にはMe too.、否定文の同意にはMe neither.を使います。

73 It'll be fun.

楽しくなるよ。

👍 こう使う！

A: I'm not sure about going to the party.
パーティーに行くかどうか迷ってるんだ。

B: Come on, it'll be fun!
いいじゃない、楽しくなるよ！

ニュアンス

「きっと楽しめるよ」「絶対楽しいよ！」

何かを提案したり、相手を元気づけたりするフレーズです。「楽しいよ」「面白くなるよ」という前向きな気持ちを表現します。

74 Do you have a minute?

ちょっと時間ある？

👍 こう使う！

A: Hey, do you have a minute?
ねえ、ちょっと時間ある？

B: Sure, what's up?
もちろん、どうしたの？

ニュアンス

「少し時間ありますか？」「時間をとれますか？」

短時間の会話や、相談を持ちかけるときに使うフレーズです。自分と話す時間を作ってほしいという気持ちを表現します。

75 That would be great!

それはいいね！

👍 **こう使う！**

A : Do you want me to pick up some coffee?
私がコーヒーを持ってこようか？

B : That would be great! Thanks.
それは助かるよ！ ありがとう。

ニュアンス

「それはいいね！」「それはありがたいよ」

丁寧な了承の表現です。少し距離がある相手や、仲の良い友達でもありがたい申し出だった場合に、特によく使います。

76 Give me a second.

少し待ってね。

👍 **こう使う！**

A : Can you send me the file right now?
今すぐファイルを送ってくれる？

B : Sure, give me a second.
もちろん、少し待ってね。

ニュアンス

「少し待ってね」「ちょっとだけ時間をください」

何かをするために、短い時間をもらいたいときに使うフレーズです。Wait a minute.と同様のニュアンスとなります。

77 I'll get it done.

私が終わらせるよ。

 こう使う！

A : Can you finish this report by tomorrow?
明日までにこのレポートを仕上げられる？

B : Don't worry, I'll get it done.
大丈夫、終わらせるよ。

ニュアンス

「私がそれを終わらせます」「やりとげます」

仕事や依頼を受けたときに、やり遂げるという意志を伝えるフレーズです。責任を持って引き受けるという気持ちを表現します。

78 Can I ask you something?

ちょっと聞いてもいい？

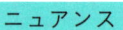 こう使う！

A : Can I ask you something?
ちょっと聞いてもいい？

B : Yeah, I'm listening. Go ahead.
うん、聞いてるよ。どうぞ。

ニュアンス

「聞いてもいい？」「突然の質問でごめんね」

相手に話しかける際、特に質問や相談を切り出すときの丁寧な表現です。カジュアルにもフォーマルにも使えます。

79 I'm with you.

私もそう思う。

 こう使う！

A: I think we should take a break and try again later.
休憩したら、もう一度やってみたほうがいいと思う。

B: I'm with you. Let's do that.
私もそう思う。そうしよう。

ニュアンス

「私も同じ意見だよ」「あなたに賛成です」

相手の意見を良いと表明したり、同じ意見だと表現したりする際に使います。

80 That's not the case.

それは違うよ。

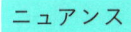 こう使う！

A: Did you quit your job?
仕事辞めたの？

B: No, that's not the case. I'm just taking a break.
いや、そうじゃない。休みを取ってるだけだよ。

ニュアンス

「それは違います」「そういうわけじゃない」

直訳すると「それは事実ではない」という意味で、「違う」ということを柔らかく伝えることができます。

PART3　「丸ごと覚える」定番フレーズ

81 I get that a lot.
よく言われるよ。

👍 こう使う！

A: You look like a famous actor.
有名な俳優に似てるね。

B: Haha, I get that a lot.
はは、それよく言われるよ。

ニュアンス

「よく言われます」「本当によく言われるんだ」

外見や性格、名前など、繰り返し言われることに対しての返答です。「また言われたか」というユーモアを交えた表現です。

82 It's me.
僕だよ。／私だよ。

👍 こう使う！

A: Who's knocking at the door?
ドアをノックしてるのは誰なの？

B: It's me, Jack!
僕だよ、ジャックだよ！

ニュアンス

「僕です」「私です」

電話や玄関先で自分であることを伝える表現です。あなたが誰なのか、すぐにわかるような親しい間柄で使います。

83 Let's meet halfway.

妥協案をとろう。

PART 3 「丸ごと覚える」定番フレーズ

 こう使う！

A: I want to eat pizza, but you want sushi.
僕はピザが食べたいけど、君は寿司がいいんだね。

B: Okay, so let's meet halfway and get pasta instead.
よし、妥協案をとってパスタにしよう。

ニュアンス

「妥協して間をとろう」

折り合いをつけるための譲歩を意味します。比喩的な言い方だけでなく、「中間地点で会おう」と言葉通りの意味にも使います。

84 Good luck with that.

まあ、頑張って。

こう使う！

A: I'm planning to finish this project in one day.
このプロジェクトを1日で終わらせるつもりだよ。

B: Good luck with that.
まあ、頑張ってね。

ニュアンス

「それ、頑張ってね」「まあ、頑張りなよ」

軽い冗談のニュアンスが加わった応援です。相手が大変なことに挑もうとしているのに、他人事のような感じの言い方です。

85 Let's agree to disagree.

人それぞれだよね。

 こう使う！

A: I think summer is the best season.
僕は夏がいちばんいい季節だと思う。

B: I prefer winter, but let's agree to disagree.
僕は冬のほうが好きだけど、人それぞれだね。

ニュアンス

「違いを認めよう」「意見の不一致を認めよう」

お互いに納得できない部分を残したまま、しかし冷静に話を終わらせようとする表現です。うまく解決しようとするフレーズです。

86 I'm on my way.

今向かってるよ。

 こう使う！

A: Where are you? The movie starts in 10 minutes.
どこにいるの？ 映画あと10分で始まるよ。

B: Don't worry, I'm on my way.
大丈夫、今向かってる。

ニュアンス

「今向かっています」「途中です」

約束の場所に向かっていることを知らせる、定番の表現です。ちょっとした遅刻の言い訳としての常套句でもあります。

87 What a surprise!

びっくりした！

👍 こう使う！

A: I got an A on my math test!
数学のテストでA取ったよ！

B: What a surprise! I knew you could do it.
びっくり！ 君ならできると思ってたけどね。

ニュアンス

「びっくり！」「予想外だ」

予想外の出来事に驚いたときに使います。日本語の 「意外だなあ」のような場面でも使うことができます。

88 Time's up.

時間切れだ。

👍 こう使う！

A: You need to finish your homework soon.
宿題早く終わらせないと。

B: Oh, no! Time's up! I have to go to class now.
ああ！ 時間切れだ！ もう授業に行かなきゃ。

ニュアンス

「もう時間だよ」「タイムリミットだ」

時間切れ、締め切りを伝えるときに使います。試験やゲーム、仕事の締め切りなど、あらゆる場面で使える表現です。

89 It's a long story.

話すと長くなるよ。

A: Why did you move to this city?
どうしてこの街に引っ越してきたの？

B: It's a long story.
話すと長くなるよ。

ニュアンス

「長い話なんだ」「簡単なことじゃないんだ」

詳細を省略したいとき、複雑な背景があることを示したいときに使える便利な表現です。カジュアルな場面でよく使われます。

90 I don't know what to say.

なんて言えばいいのか。

👍 こう使う！

A: I got you a gift for your birthday.
誕生日プレゼントがあるんだよ。

B: Wow, I don't know what to say. Thank you so much!
わあ、なんて言えばいいのか。本当にありがとう！

ニュアンス

「言葉が見つからない」「言葉に詰まります」

感動したり、驚いたりして思わず言葉に詰まったときや、反応に迷ったときに使える表現です。

91 It's a piece of cake.

簡単、簡単。

👍 こう使う！

A: Was the math test hard?
数学のテスト難しかった？

B: No, it's a piece of cake.
いや、簡単だったよ。

ニュアンス

「簡単です」「朝飯前」

直訳は「ケーキの一切れ」です。一切れのケーキなんかペロリと食べられる、というところから、「簡単だ」の意味になりました。

92 You bet!

もちろん！

👍 こう使う！

A: Can you help me move this weekend?
今週末、引っ越し手伝ってくれる？

B: You bet! Just tell me the time.
もちろん！ 時間教えてよ。

ニュアンス

「もちろん！」「そのとおり！」

相手の言葉に快く応じるときに使います。カジュアルな場面でよく使われるフレーズで「喜んで！」というニュアンスです。

93 That's good enough.

それで十分だよ。

こう使う!

A: Do you think this draft is okay for the meeting?
この下書き、会議に使えそうかな?

B: That's good enough. It gets the point across.
十分だよ。要点はちゃんと伝わってるから。

ニュアンス

「それで十分だよ」「それで大丈夫」

完璧ではなくても、必要な基準を満たしていると伝えるための表現です。相手を安心させる優しいニュアンスがあります。

94 I'll take it from here.

ここからは私が。

こう使う!

A: I've finished setting up the presentation slides.
プレゼンのスライド、準備完了したよ。

B: Great, I'll take it from here.
ありがとう、ここからは私が引き継ぐよ。

ニュアンス

「ここからは私がやります」「引き継ぎます」

作業を引き継ぐときや、自分が責任を持つことを示すときに使います。「自分に任せてください」と伝えることができます。

95 You'll see.

今にわかるよ。

👍 こう使う！

A : Do you really think this new strategy will work?
本当にこの新しい戦略うまくいくと思う？

B : Definitely. You'll see, it's going to boost our sales.
絶対うまくいくよ。見てて、売上が伸びるから。

ニュアンス

「そのうちわかるよ」「見ていればわかる」

自分の考えが正しいことを「いずれわかる」と自信をもって示すときに使います。

96 It's the other way around.

逆だよ。

👍 こう使う！

A : I think cats are afraid of dogs.
猫が犬を怖がるんだっけかな。

B : No, it's the other way around. Dogs are afraid of cats.
違う、逆だよ。犬が猫を怖がるんだよ。

ニュアンス

「逆だよ」「反対だよ」

相手が何かを反対に勘違いしているとき、それを指摘する表現です。位置や、方向、順番などのほか、意見や状態にも使えます。

97 It's out of my hands.

もう私の手に負えないよ。

A: Can you fix the computer? It's not working at all.

パソコン直せる？ 全然動かないんだ。

B: Sorry, it's out of my hands.

ごめん、もう私の手には負えないよ。

ニュアンス

「もう私の手には負えない」「どうしようもない」

「私の手から離れてしまった」というのが直訳です。自分の力では
どうにもならないことを説明するためのフレーズです。

98 Don't mention it.

どういたしまして。

👍 こう使う！

A: Thanks for helping me.

手伝ってくれてありがとう。

B: Don't mention it. It was no trouble at all.

どういたしまして。お安い御用だよ。

ニュアンス

「どういたしまして」「気にしないで」

相手が感謝を示したときに、「そんなの当たり前だから気にしない
で」と軽いニュアンスで返すフレーズです。

99 Think about it.

よく考えてみて。

 こう使う！

A: Should I take the new job offer?
新しい仕事のオファーを受けるべきかな？

B: Think about it. It could be a good opportunity.
よく考えてみなよ。チャンスかもしれないよ。

ニュアンス

「よく考えてみて」「ちょっと考えてみて」

すぐに答えを求めず、少し時間を取って考えるように促すニュアンスがあります。押しつけがましくない提案として使えます。

100 I can't take it anymore.

もう我慢できない。

こう使う！

A: This noise has been going on all day.
この騒音、一日中続いてるね。

B: I can't take it anymore. It's driving me crazy!
もう我慢できない。頭がおかしくなりそう！

ニュアンス

「もう耐えられない」「もう我慢できない」

強いストレスや不満に対して、限界を感じたときや、爆発しそうなときに使うフレーズです。

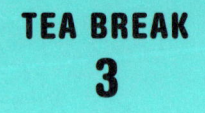

TEA BREAK 3

ちょっとひと息

発音って本当に大事

　中学生の頃の話です。英語の時間にお手本を真似して、ネイティブのように発音したときに、からかわれたことがありました。たとえば、radio（ラジオ）を英語だと「レーディオ」というふうに読みますよね。みんなの前でお手本どおりに発音すると、なぜかクスクスと笑う人がいるのです。

　和製英語という言葉もあるくらいなので、普段話す日本語には、カタカナの外来語として馴染んでいる言葉がたくさんあります。そういったものを、今さら英語のように発音するのが恥ずかしいという気持ちなのかもしれません。でも、それなら自分だけがカタカナ読みをすればいいだけのことですよね。オンライン英会話の講師をしているときに、これと似たような話は何度も聞いたので、おそらく日本各地であったことなのでしょう。

おかげで日本人同士でしか通じないカタカナ英語の出来上がりです。でもこのカタカナ英語は、英語圏に行くと、なかなか理解してもらえないことがあります。

　例えば、I played tennis with my friends.（友達とテニスをしたんだ）と自分では発音したつもりなのに、相手は？？？みたいな顔をした挙句、Sorry?と聞き返してきたりするのです。日本人はLとRの発音に差をつけるのが苦手なので、この手の「わかってもらえない」ことはよくあります。

　さらに、これは実際に私が精神的にダメージを受けた話ですが、クラスメイトに「あなたの発音は聞き取るのが難しい」と言われたり、自分で話していることが、まったく別の理解をされてしまったりしたことが何度もあります。学校英語ではそれほど発音に力を入れなくても、成績が良ければいいという雰囲気でしたし、実際、日本人の英語教師が発音を教えるなんてできるはずがありません。しかし実際に海外へ行ったり、ネイティブと会話したりすると、発音の大切さが身にしみます。

　私は発音を改善するために「小さな努力」を始めました。たとえば、映画を見ながらオーバーラッピングしてみたり、オンライン英会話の先生に苦手な発音の相談をしたりといったことです。

　これらの努力を続ける中で、少しずつ自信を持って話せるように

なりました。発音が改善すると、「聞き取れる英語」も増えます。ス
ピーキングとリスニングは一緒に上達するものなのです。

　ここでひとつ言っておきたいのは、完璧なネイティブ発音を目指
す必要はないということです。日本人である私たちは、なんでも完
璧を目指してしまう傾向があり、それ以外は恥ずかしいと思ってしま
いがち。でもそれは間違いです。私たちはどう頑張ってもネイティ
ブにはなれないのですから。

　日本人が苦手とするLとRの違い、THの発音などを意識するだけ
でも、発音はグッと改善します。また、口の形や舌の位置、そして
チェストサウンド（喉の奥から出す音）を意識することも効果的で
す。現代はYouTubeやアプリなどで簡単に発音練習ができるのも
ポイントですね。

「やってみよう」という小さな一歩が、英語力を飛躍的に向上させ
る鍵になるかもしれません。英会話をマスターしたいなら、ぜひ発
音にも意識を持って取り組みましょう。

それでは、PART3を
おさらいしましょう！

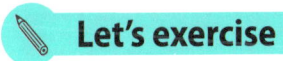 **Let's exercise**

ヒント

1. そのつもりだったの。

   I was ▨▨ to.

   その時点では「そうするつもりでした」

---

2. 元気?

   ▨▨'s it going?

   How are you?と同様の意味です。

---

3. よくわからないよ。

   I'm not ▨▨ about that.

   確信があると思うことについては、I'm sure.

---

4. 君の番だよ。

   You're ▨.

   Your turn.(君の番だよ)と同様の意味です。

---

5. 教えてね。

   Let me ▨▨.

   直訳は「私に知らせて」です。

---

6. 上手くいった!

   It ▨▨!

---

7. 落ち着いて。

   ▨▨.

   Calm down.も同様の意味。

---

8. どういう意味?

   What do you ▨▨?

   単語の意味がわからないとき、話が理解できないときなどに使用。

1. そのつもりだったの。

   I was going to.

---

2. 元気？

   How's it going?

---

3. よくわからないよ。

   I'm not sure about that.

---

4. 君の番だよ。

   You're up.

---

5. 教えてね。

   Let me know.

---

6. 上手くいった！

   It worked!

---

7. 落ち着いて。

   Relax.

---

8. どういう意味？

   What do you mean?

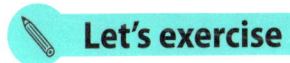 **Let's exercise**

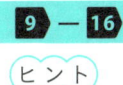 9 ― 16

ヒント

9. 近況を話し合おう。

Let's   up.

catch upは「追いつく」または「久々に会う」

---

10. もう行かなくちゃ。

I've   to go.

定番表現です。I have to go.と同様の意味。

PART3

「丸ごと覚える」定番フレーズ

---

11. そうは思わない。

I don't think   .

「そう」は日本人にとっては使いやすい単語ですね。

---

12. いい考えだね。

That   good.

カジュアルな場面ではThatを省略することもあります。

---

13. 気にしなくていいよ。

It doesn't   .

matter＝「問題」「困ったこと」という意味です。

---

14. 大したことじゃないよ。

It's no big   .

「問題ないよ」と、いろいろな場面で使います。

---

15. 頑張って。

**   in there.**

hang＝ぶら下がる→直訳は「そこにぶら下がって」

---

16. 完璧だ！

It's   ！

日本語でも「●ーフェ●●（完璧）」という表現をしますね。

211

9. 近況を話し合おう。

Let's catch up.

10. もう行かなくちゃ。

I've got to go.

11. そうは思わない。

I don't think so.

12. いい考えだね。

That sounds good.

13. 気にしなくていいよ。

It doesn't matter.

14. 大したことじゃないよ。

It's no big deal.

15. 頑張って。

Hang in there.

16. 完璧だ！

It's perfect!

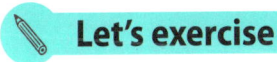 

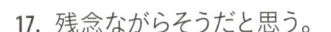

ヒント

17. 残念ながらそうだと思う。

I'm ▢▢▢ so.

---

18. そういう意味じゃないんだ。

That's not ▢▢▢ I meant.

meantはmean
の過去形です。

---

19. 口出ししないで！

Back ▢▢!

口語的な表現。
onの反対語は？

---

20. 後で連絡するよ。

I'll ▢▢▢ to you.

「折り返し連絡を
する」という意味
なので、backで
す。

---

21. 電話してね。

Give me a ▢▢.

この場合のcall
は名詞です。

---

22. まだ間に合うよ。

You can still ▢▢ it.

間に合う＝
make itは日常
的に頻繁に使う
表現です。

---

23. なるほど。

It makes ▢▢.

「納得する」とい
う意味の定番表
現。

---

24. 正直に言うと、

To be ▢▢▢,

Honestly,＝「正
直に言うと、」と
同様の意味で
す。

213

17. 残念ながらそうだと思う。

I'm **afraid** so.

---

18. そういう意味じゃないんだ。

That's not **what** I meant.

---

19. 口出ししないで！

Back **off**!

---

20. 後で連絡するよ。

I'll **get back** to you.

---

21. 電話してね。

Give me a **call**.

---

22. まだ間に合うよ。

You can still **make** it.

---

23. なるほど。

It makes **sense**.

---

24. 正直に言うと、

To be **honest**,

ヒント

25. 言いたいことはわかるよ。

I ⬚ what you mean.

I see.で「わかります」という意味です。

---

26. 行くよ。

I'll ⬚ there.

直訳は「そこにいるでしょう」です。

---

27. さあ、始めましょう。

Let's ⬚ started.

何かを始めるときの定番表現です。

---

28. 冗談でしょ?

Are you ⬚⬚⬚ me?

kid＝子供→「子供のようなことをする」が語源。

---

29. 眠れなかったんだ。

I ⬚⬚⬚ and turned.

toss and turn＝ゴロゴロ寝返りを打つ→眠れない

---

30. 大丈夫だよ。

It's not a ⬚⬚⬚.

直訳は「問題ではないよ」です。

---

31. 確かにそうだね。

That's a ⬚⬚ point.

相づち表現です。

---

32. 様子を見てみよう。

We'll ⬚.

直訳は「今後も見ていきます」です。

25. 言いたいことはわかるよ。

    I **see** what you mean.

---

26. 行くよ。

    I'll **be** there.

---

27. さあ、始めましょう。

    Let's **get** started.

---

28. 冗談でしょ？

    Are you **kidding** me?

---

29. 眠れなかったんだ。

    I **tossed** and turned.

---

30. 大丈夫だよ。

    It's not a **problem**.

---

31. 確かにそうだね。

    That's a **good** point.

---

32. 様子を見てみよう。

    We'll **see**.

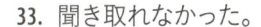

ヒント

33. 聞き取れなかった。

I didn't ▢▢▢ that.

聞き取る＝catch。notと一緒に使います。

---

34. 残念だよ。

It's a ▢▢▢.

shameは「恥」という意味だけではありません。

---

35. 大丈夫、ありがとう。

I'm ▢▢▢, thanks.

何かをやんわりと断るときにも使えます。

---

36. あなたはどう？

How ▢▢▢ you?

同じ質問を相手にするときに使います。

---

37. そのとおり。

That's ▢▢▢.

この場合のrightは「正しい」という意味です。

---

38. 私がやるよ。

I'll ▢▢▢ it.

直訳は「私が対応するよ」です。

---

39. そんな価値ないよ。

It's not ▢▢▢ it.

価値＝worthです。

---

40. 連絡を取り合おうね。

Let's ▢▢▢ in touch.

keep in touchで「連絡を取り続けよう」です。

33. 聞き取れなかった。

I didn't catch that.

34. 残念だよ。

It's a shame.

35. 大丈夫、ありがとう。

I'm good, thanks.

36. あなたはどう？

How about you?

37. そのとおり。

That's right.

38. 私がやるよ。

I'll handle it.

39. そんな価値ないよ。

It's not worth it.

40. 連絡を取り合おうね。

Let's keep in touch.

ヒント

41. どうしたの？

What's going [　]?

近況や現状を尋ねる表現。

---

42. お願い！

I'm [　　　] you!

頼む、お願いする
＝beg

---

43. 全然構わないよ。

I don't [　　].

日本語でも「ドンマイ」という表現になっていますね。

---

44. いたいた！

[　　] you are!

相手が遠くにいて、それを見つけたときに使うのは？

---

45. 自分で何とかするよ。

I'll [　　] it out.

figure out
＝解決する

---

46. そうしよう！

Let's [　] it!

直訳は「それをしよう！」です。

---

47. それとも？

[　　] what?

「それとも」「もしくは」のOr。

---

48. わからないよ。

I don't [　] it.

41. どうしたの？

What's going on?

---

42. お願い！

I'm begging you!

---

43. 全然構わないよ。

I don't mind.

---

44. いたいた！

There you are!

---

45. 自分で何とかするよ。

I'll figure it out.

---

46. そうしよう！

Let's do it!

---

47. それとも？

Or what?

---

48. わからないよ。

I don't get it.

Let's exercise

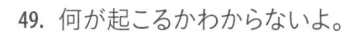

ヒント

49. 何が起こるかわからないよ。

You ___ know.

決して～ない
＝never

---

50. 不公平だよ!

This is ___ !

fair＝「公平だ」
の反対語です。

---

51. ありえないよ。

That's ___ .

ありえない
＝impossible

---

52. どこかで会いましたっけ?

___ I know you?

直訳は「私はあ
なたを知ってま
すか?」です。

---

53. 計画はどうなってる?

What's the ___ ?

計画＝plan

---

54. 我慢できなかったんだ。

I couldn't ___ .

抵抗する
＝resist
直訳は「抵抗でき
なかった」です。

---

55. ちょっと考えさせて。

Let me ___ about it.

---

56. 手伝ってもらえますか?

Can you help me ___ ?

Can you help
me? よりもカジ
ュアルな表現。

PART3

「丸ごと覚える」定番フレーズ

221

49. 何が起こるかわからないよ。

You never know.

---

50. 不公平だよ！

This is unfair!

---

51. ありえないよ。

That's impossible.

---

52. どこかで会いましたっけ？

Do I know you?

---

53. 計画はどうなってる？

What's the plan?

---

54. 我慢できなかったんだ。

I couldn't resist.

---

55. ちょっと考えさせて。

Let me think about it.

---

56. 手伝ってもらえますか？

Can you help me out?

57. 休憩しよう。

Let's ___ a break.

休憩をとる＝
take a break

---

58. 何とかしなきゃ。

I ___ to do something.

〜をしなければ
いけない
＝have to〜

---

58. あなたに任せるよ。

It's your ___.

「電話する」とい
う意味だけでは
ありません。

---

60. ちょっと高いよね。

It's ___ ___ expensive.

kind of＝「まあ
まあ」「ちょっと」
などの意味で使
う口語です。

---

61. 何でもない。

___.

なんにもない
＝nothing

---

62. 参加するよ。

I'm ___.

口語的な表現。
in＝〜の中にい
る→「加わる」

---

63. 遅れてるんだ。

I'm ___ late.

遅れている＝be
running late

---

64. どうぞ入って。

Come on ___.

Come in.（入っ
て）よりも、よりカ
ジュアルです。

PART3

「丸ごと覚える」定番フレーズ

57. 休憩しよう。

Let's **take** a break.

---

58. 何とかしなきゃ。

I **have** to do something.

---

59. あなたに任せるよ。

It's your **call**.

---

60. ちょっと高いよね。

It's **kind of** expensive.

---

61. 何でもない。

Nothing.

---

62. 参加するよ。

I'm **in**.

---

63. 遅れてるんだ。

I'm **running** late.

---

64. どうぞ入って。

Come on **in**.

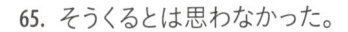

65. そうくるとは思わなかった。

I didn't see that 　　　 .

ヒント
直訳は「それが
来ることが見え
てなかった」

---

66. 喜んで!

I'd 　　　 to!

loveの意味は
「愛する」だけで
はありません。

---

67. 今日は元気ないね。

You look 　　　 today.

---

68. 今日はここまでにしよう。

Let's 　　 it a day.

定番表現。
ここまでにしよう
＝call it a day

---

69. 気にしないで。

**　　　　 it.**

直訳は「それを
忘れて」です。

---

70. やっとだね!

It's 　　　 time!

この場合の
about＝「そろそ
ろ」という意味の
副詞。

---

71. 確かにね。

That's for 　　 .

確かなこと
＝sure

---

72. 同じく。

Me 　　　　 .

否定文に対して
の同意の相づち
です。

PART3

「丸ごと覚える」定番フレーズ

65. そうくるとは思わなかった。

I didn't see that coming.

---

66. 喜んで！

I'd love to!

---

67. 今日は元気ないね。

You look down today.

---

68. 今日はここまでにしよう。

Let's call it a day.

---

69. 気にしないで。

Forget it.

---

70. やっとだね！

It's about time!

---

71. 確かにね。

That's for sure.

---

72. 同じく。

Me neither.

ヒント

73. 楽しくなるよ。

It'll be ___ .

楽しい＝fun
形容詞です。

PART3

「丸ごと覚える」定番フレーズ

74. ちょっと時間ある？

Do you have a ___ ?

aがつくことで、
「1分ほどの短い
時間」になりま
す。

75. それはいいね！

That ___ be great!

76. 少し待ってね。

___ me a second.

直訳は「少しの
時間を私にくだ
さい」

77. 私が終わらせるよ。

I'll ___ it done.

完了させる、終わ
らせる
＝get it done

78. ちょっと聞いてもいい？

Can I ___ you something?

Can I ask～?
で「聞いてもい
い？」

79. 私もそう思う。

I'm ___ you.

直訳は「あなたと
一緒にいます」

80. それは違うよ。

That's ___ the case.

73. 楽しくなるよ。

It'll be fun.

74. ちょっと時間ある？

Do you have a minute?

75. それはいいね！

That would be great!

76. 少し待ってね。

Give me a second.

77. 私が終わらせるよ。

I'll get it done.

78. ちょっと聞いてもいい？

Can I ask you something?

79. 私もそう思う。

I'm with you.

80. それは違うよ。

That's not the case.

 **Let's exercise**

81 — 88

ヒント

81. よく言われるよ。

I get that ▢▢.

たくさん、頻繁に＝a lot

---

82. 僕だよ。／私だよ。

It's ▢.

I , my , meのどれ？

PART3 「丸ごと覚える」定番フレーズ

---

83. 妥協案をとろう。

Let's ▢ halfway.

直訳は「中間地点で会いましょう」です。

---

84. まあ、頑張って。

Good luck ▢ that.

withは、この場合「～に関して」

---

85. 人それぞれだよね。

Let's agree ▢ disagree.

直訳は「意見が合わないことに同意しよう」という意味です。

---

86. 今向かってるよ。

I'm on my ▢.

直訳は「途中にいます」

---

87. びっくりした！

What a ▢!

この場合のsurpriseは名詞です。

---

88. 時間切れだ。

Time's ▢.

この場合のupには、「終わり、終了」のニュアンスがあります。

229

81. よく言われるよ。

I get that a lot.

---

82. 僕だよ。／私だよ。

It's me.

---

83. 妥協案をとろう。

Let's meet halfway.

---

84. まあ、頑張って。

Good luck with that.

---

85. 人それぞれだよね。

Let's agree to disagree.

---

86. 今向かってるよ。

I'm on my way.

---

87. びっくりした！

What a surprise!

---

88. 時間切れだ。

Time's up.

ヒント

89. 話すと長くなるよ。

It's a ▢▢ story.

長い話
＝long story

---

90. なんて言えばいいのか。

I don't know ▢▢ to say.

何を言えばいい
のか
＝what to say

---

91. 簡単、簡単。

It's a piece of ▢▢.

a piece of
cake＝「簡単」と
いう意味の慣用
句。

---

92. もちろん！

You ▢▢!

bet＝「賭ける」
ですが、この場合
は強い肯定や同
意を表現します。

---

93. それで十分だよ。

That's good ▢▢▢.

十分に
＝enough

---

94. ここからは私が。

I'll take it ▢▢ here.

takeは「取る」
「受け取る」の
意味です。

---

95. 今にわかるよ。

You'll ▢▢.

直訳は「あなた
は見るでしょう」
です。

---

96. 逆だよ。

It's the other way ▢▢▢.

around＝回って
いる＋逆に→「方
向や関係性が
逆」という意味。

89. 話すと長くなるよ。

It's a **long** story.

---

90. なんて言えばいいのか。

I don't know **what** to say.

---

91. 簡単、簡単。

It's a piece of **cake**.

---

92. もちろん！

You **bet**!

---

93. それで十分だよ。

That's good **enough**.

---

94. ここからは私が。

I'll take it **from** here.

---

95. 今にわかるよ。

You'll **see**.

---

96. 逆だよ。

It's the other way **around**.

97. もう私の手に負えないよ。

It's ___ of my hands.

ヒント
outは「外に、外側に」という意味です。

---

98. どういたしまして。

Don't ___ it.

You're welcome.ではないこんな言い方もあります。

---

99. よく考えてみて。

___ about it.

考える＝think

---

100. もう我慢できない。

I can't ___ it anymore.

---

101. テーブルに鍵を置き忘れたのは確かだ。

I'm ___ I left my keys on the table.

確信がある場合は？

---

102. 次に発表するのは誰ですか?

Who's next to ___?

プレゼンテーションの動詞形は？

---

103. もう少しで終わるよ。

You're ___ done.

「ほとんど残ってない」という意味。

---

104. その映画、面白かった?

Did you ___ the movie?

面白い＝interesting ばかりではありません。

97. もう私の手に負えないよ。

It's **out** of my hands.

---

98. どういたしまして。

Don't **mention** it.

---

99. よく考えてみて。

Think about it.

---

100. もう我慢できない。

I can't **take** it anymore.

---

101. テーブルに鍵を置き忘れたのは確かだ。

I'm **sure** I left my keys on the table.

---

102. 次に発表するのは誰ですか?

Who's next to **present**?

---

103. もう少しで終わるよ。

You're **almost** done.

---

104. その映画、面白かった?

Did you **like** the movie?

おわりに

　最後まで読んでいただき、ありがとうございました。

　この本では、リアルな英会話フレーズにプラスアルファとして、ネイティブに教えてもらった役立つ句動詞も収録しました。この一冊に、日常で役立つ要素がギュッと詰まっています。特別な教材や高額なレッスンに頼らずとも英語を身につける方法のひとつとして、多くの方に実践していただければ、とても嬉しく思います。

　海外で過ごすと感じるのは「英語はどんな人でも習得できる」ということです。日本でも受験や資格試験のためだけのものではなくなってきていますが、まだまだ「英語ができる＝頭がいい」という固定観念も根強く残っています。しかし、外国人観光客や在住者が増え、英語が求められる場面が日常の至るところに広がっているのも現実です。海外旅行をしなくても、駅、レストラン、テーマパーク、そして職場など、ふとした瞬間に英語をできたほうがいい機会が訪れる時代になりました。

そんなとき、文法や穴埋め問題を机上でのみ学習している人が、すぐにコミュニケーションできるでしょうか。英会話の第一歩は、決して難しいことではありません。独学でも、簡単なフレーズを口に出しながら練習することで、英語を話す力は伸びていきます。

　大切なのは、完璧な文法や発音ではなく「伝えようとする意志」と「口に出すこと」です。その積み重ねが、いざというときに自信を持って英語を話せる力へとつながります。

　この本が、皆さんの英語学習のきっかけとなり、英語を話す楽しさを感じる一助となれば幸いです。英語は、特別な人だけが習得できるものではありません。誰もが気軽に楽しみながら身につけられるものなのです。

　英会話を始めて、理解できる瞬間の喜びを皆さんもぜひ体験してください！

「本当によく使う」
厳選40単語一覧

[著者紹介]

 Sakura English

YouTubeチャンネル登録者数68万人（2025年3月現在）の人気英会話アカウント。「誰もが英語を手にする環境を」をモットーにYouTube動画のほか、Podcast音声なども発信している。サンフランシスコでの留学経験を経て、独学で英会話を習得。その後、英会話講師の道へ。講師としてレッスンする中で、多くの日本人が十分な知識を持ちながらも、英会話に苦手意識を持つことを実感。2021年、もっと日本人に英語を身近に感じてほしいという思いから、YouTubeチャンネルを開設。主な著書に、『シンプルなのに圧倒的に「伝わる」！ ネイティブが最初に覚える英会話フレーズ300』（ハーパーコリンズ・ジャパン）、『ネイティブの英語がみるみる聞き取れる すごいリスニング独学』（かんき出版）、『つぶやくだけで上達する ひとりごと英会話フレーズ集』（三才ブックス）がある。

知ってる単語の「使い回し」でどんどん話せる！
ネイティブから教わった本当によく使う英会話フレーズ

2025年 4月23日発行　第1刷

著者	Sakura English
発行人	鈴木幸辰
発行所	株式会社ハーパーコリンズ・ジャパン
	東京都千代田区大手町1-5-1
電話	04-2951-2000（注文）
	0570-008091（読者サービス係）
イラスト	あらいしづか
ブックデザイン	沢田幸平（happeace）
印刷・製本	中央精版印刷株式会社

Sakura English の
ベストセラー書籍

シンプルなのに圧倒的に「伝わる」！
ネイティブが最初に覚える
英会話フレーズ300

タクシーを
拾いたい時

違うサイズの服
を試したい時

会議に間に
合わない時

とっさの場面で"伝わる"英語フレーズ集

\ 68万人が始めてる！ /

YouTube × 英語

の新トレーニング

定価1540円（税込）　ISBN978-4-596-53829-1